POSITIVE AFFECT TREATMENT FOR DEPRESSION AND ANXIETY

# 不安とうつへの
# ポジティブ感情
# トリートメント

## Therapist Guide
## セラピストガイド

Michelle G. Craske, Halina J. Dour,
Michael Treanor, Alicia E. Meuret
M. G. クラスク , H. J. ドゥール ,
M. トレナー , A. E. ミューレ 著

Shin-ichi Suzuki, Masaya Ito
鈴木伸一／伊藤正哉 監訳

北大路書房

**Positive Affect Treatment for Depression and Anxiety: Therapist Guide**

by Michelle G. Craske, Halina J. Dour, Michael Treanor, Alicia E. Meuret

© Oxford University Press 2022

"Positive Affect Treatment for Depression and Anxiety: Therapist Guide" was originally published in English in year of publication 2022. This translation is published by arrangement with Oxford University Press. Kitaohji Shobo is solely responsible for this translation from the original work and Oxford University Press shall have no liability for any errors, omissions or inaccuracies or ambiguities in such translation or for any losses caused by reliance thereon.

『不安とうつへのポジティブ感情トリートメント：セラピストガイド』は，当初 2022 年に英語で出版されました。この翻訳は，オックスフォード大学出版局との取り決めにより出版されたものです。北大路書房は，原著作物からのこの翻訳について単独で責任を負い，オックスフォード大学出版局は，当該翻訳における誤り，脱落，不正確さ，または曖昧さ，またはこれに依拠することによって生じた損失について責任を負わないものとします。

## セラピストガイド　日本語版の読者のみなさまへ


　ポジティブ感情トリートメント（Positive Affect Treatment）は実証的に支持されたアプローチで，うつや不安を抱える人のポジティブ感情を改善させます。報酬プロセスに標的を当て，報酬への予期と動機づけ，報酬獲得時の感受性，報酬学習を高めるよう設計されたスキルを教えます。心理教育とポジティブ感情を言葉にする（ラベルづけする）スキルからはじまり，報酬的な活動への行動活性化と，取り組んだ活動のなかでも最も報酬的な部分を視覚的に思い返す練習へと続きます。こうして行動訓練をした後には認知スキルに取り組みます。具体的には，状況のポジティブな特徴に目を向け，将来のポジティブな結果を思い描き，ポジティブな成果が得られたときにはそれを自らのものとする練習をします。終盤では，思いやりいつくしむ，感謝する，与える，誰かの幸せを喜ぶ，といった一連の実践からポジティブ感情を培います。複数のランダム化比較試験により，このトリートメントはポジティブ感情を増やし，うつと不安を減じることが示されています。

ミシェル・クラスク

# 監訳者まえがき

　本書で紹介する「ポジティブ感情トリートメント」(Positive Affect Treatment：PAT) は，Craske, M. G. らの豊富な臨床経験や，神経科学および行動科学の研究知見をもとに開発された，これまでの認知行動療法にはない新たな発想と戦略を有する心理療法である。

　従来の認知行動療法は，不安や抑うつといったネガティブな気分・感情状態の背景にある思考や行動に焦点を当て，その修正やそれに替わる新たな態度の形成に重点が置かれてきた。しかし，ネガティブな感情体験を取り巻く思考や行動は，クライエントにとっていわば「とらわれの中核」であり，その内省や修正はつねに混沌としたものとなるのが常であった。認知行動療法は，この「とらわれ」からの解放をねらいとして，これまで多くの臨床戦略を蓄積してきたわけであるが，未だ困難なケースも少なくない。

　PATは，人間本来が有しているポジティブな感情体験のプロセスに焦点を当て，日常生活におけるポジティブな側面に注目し，それを「もとめる」こと，そしてその体験に「気づき」「とどまり」「あじわう」こと，さらにこれらのプロセスから将来のポジティブな体験を思い描き，それにつながる行動を「まなぶ」ことを通して，ネガティブな気分・感情体験の悪循環から脱却していくことをねらいとしている。したがってPATでは，ネガティブな思考を扱うことも，代わりとなる新たな態度を生み出す直接的な試みも行われない。しかし，根底にある認知がポジティブな方向にシフトすることにより，気分・感情状態が改善していくのである。

　このようなPATの独創的なアプローチが，認知行動療法の新たな未来と発展を拓いていくことになるだろう。多くの読者にとって日々の臨床に活路を見出す印象深い実践書の１つとなることを期待している。

訳者を代表して

鈴木　伸一

This preface is provided by Kitaohji Shobo and is not a translation of all or part of "Positive Affect Treatment for Depression and Anxiety: Therapist Guide" as it was originally published in the English language by Oxford University Press. The inclusion of this material does not imply a representation or endorsement of any kind by Oxford University Press who shall not be responsible for its content nor for any errors, omissions or inaccuracies therein.

この序文は，北大路書房によって提供されるものであり，オックスフォード大学出版局によって英語で出版された『不安とうつへのポジティブ感情トリートメント：セラピストガイド』の全部または一部の翻訳ではありません。この資料の掲載は，オックスフォード大学出版局によるいかなる種類の表明または保証を意味するものではなく，オックスフォード大学出版局はその内容，およびそこに含まれる誤り，脱落，不正確さについて責任を負わないものとします。

# 目　次

セラピストガイド　日本語版の読者のみなさまへ　i
監訳者まえがき　iii

## モジュール1　PATを知る

### 第1章　ポジティブ感情トリートメント（PAT）の概要 ·························· 2

PATの背景と目的　2
アンヘドニアとは何か？　3
既存治療はアンヘドニアに適していない　5
PATの有効性　6
PATに適しているのは誰か？　9
他の感情の問題がある場合は？　9
薬物療法の役割　10
誰がプログラムを実施すべきか？　10
ワークブックの利点　11

### 第2章　行動科学と神経科学による基礎理論 ···························· 12

アンヘドニア治療の標的：報酬プロセス　12
報酬をもとめる，あじわう，まなぶスキル　16
感情を言葉にする　16
ポジティブへと行動する　18
ポジティブに目を向ける　20
ポジティブを積み重ねる　22

### 第3章　PATの構成と指針となる基本原則 ···························· 24

モジュールとスケジュールの概要　24
各モジュールの概要　25

*v*

スケジュール　27

PATの基本／エクササイズ用紙　29

プログラムの修正適応　32

クライエントのコミットメント　34

## 第4章　PATを知る（心理教育） ···················· 35

準備するもの　35

目標　35

ワークブック第4章の要点　36

鍵となる概念　36

感情サイクルとは何か？　37

下向きスパイラルと上向きスパイラル　41

感情を言葉にする（ラベリングする）　43

ホームワーク　44

事例　44

トラブルシューティング　49

セラピストのための覚書　50

# モジュール2　PATのスキルセット

## 第5章　ポジティブへと行動する ···················· 52

準備するもの　53

目標　53

ワークブック第5章の要点　53

鍵となる概念　54

ポジティブな活動の重要性　54

「ポジティブへと行動する」の構成　55

日々の活動とポジティブ感情のモニタリング　56

ホームワーク　57

事例　58

トラブルシューティング　60

ポジティブな活動を計画する　61

事例　62

目　次

　　　　トラブルシューティング　64
　　　ポジティブな活動を実践する　67
　　　　ホームワーク　69
　　　　事例　69
　　　　トラブルシューティング　72
　　　瞬間をあじわう　74
　　　　事例　77
　　　　トラブルシューティング　78

第6章　ポジティブに目を向ける ………………………………………………… 81

　　　準備するもの　81
　　　目標　82
　　　ワークブック第6章の要点　82
　　　鍵となる概念　83
　　　ポジティブに目を向ける重要性　83
　　　銀の光を見つける　85
　　　　ホームワーク　87
　　　　事例　87
　　　　トラブルシューティング　92
　　　自分のものにする　94
　　　　ホームワーク　96
　　　　事例　96
　　　　トラブルシューティング　100
　　　ポジティブを思い描く　101
　　　　ホームワーク　104
　　　　事例　104
　　　　トラブルシューティング　109

第7章　ポジティブを積み重ねる ……………………………………………… 110

　　　準備するもの　110
　　　目標　111
　　　ワークブック第7章の要点　111
　　　鍵となる概念　112
　　　ポジティブを積み重ねる重要性　112
　　　思いやりいつくしむ　113
　　　　ホームワーク　118

*vii*

事例　118
　　　トラブルシューティング　122
　　感謝する　123
　　　ホームワーク　125
　　　事例　125
　　　トラブルシューティング　131
　　与える　132
　　　ホームワーク　134
　　　事例　134
　　　トラブルシューティング　138
　　誰かの幸せを喜ぶ　138
　　　ホームワーク　142
　　　事例　142
　　　トラブルシューティング　145

# モジュール3　PATで得られたこと／再発予防

## 第8章　旅を続ける　148

　　準備するもの　148
　　目標　148
　　ワークブック第8章の要点　149
　　鍵となる概念　149
　　得られたことをふり返る　150
　　実践を続ける　151
　　困難な時期や障壁への対処　152
　　　事例　153
　　　トラブルシューティング　154

　　付録　エクササイズ用紙　157
　　文献　179
　　索引　191

以下のリンクは，UCLA's Anxiety and Depression Research Center によって制作
されたセラピストのためのマテリアルです。

https://sites.google.com/view/uclaadrctherapistresources/home?authuser=0

臨床家の皆様に置かれましては，こちらのサイトを通して最新の研究情報や，ポ
ジティブ感情トリートメントのデモンストレーションビデオを視聴することがで
きます。英語で制作されておりますが，YouTube のセッティングにおいて自動翻
訳から日本語を選ぶことで，おおよその内容を理解できます。

## モジュール1

### PAT を知る

# 第 1 章

——— ワークブックの第 1 章に対応

# ポジティブ感情トリートメント（PAT）の概要

PAT の背景と目的
アンヘドニアとは何か？
既存治療はアンヘドニアに適していない
PAT の有効性
PAT に適しているのは誰か？
他の感情の問題がある場合は？
薬物療法の役割
誰がプログラムを実施すべきか？
ワークブックの利点

## PAT の背景と目的

　アンヘドニア（anhedonia）は，日常生活の活動への興味や喜びを失う症状群
である。アンヘドニアを示す典型的なクライエントの発言は，「何をしても楽し
いと思えない」，「以前は楽しかったことが面倒に思える」，「努力することに何
の意味があるのだろう」，「何をしても気分が晴れない」といったものである。ア
ンヘドニアは，うつ病をはじめ，各種の不安症，サイコーシス，薬物使用など
に苦しむ多くの人にみられる診断横断的な症状である。今日まで，アンヘドニ
アは心理学的，薬理学的治療にはあまり反応しないとされてきた。アンヘドニ
アはうつ病の長期予後を示す重要な指標であり，既存の心理学的・薬理学的治
療に対する反応性も低く，他の症状以上に自殺企図を含む自殺傾向の強固な予
測因子である。このように，アンヘドニアは精神病理及びそのリスクの重要な
マーカーである。

第1章　ポジティブ感情トリートメント（PAT）の概要

　既存の心理学的・薬理学的治療がアンヘドニアに限定的な効果しか示さない理由の１つは，その根本的なメカニズムに焦点が当てられていなかったことにある。私たちの研究室での成果のほか，行動科学と神経科学の進歩により，アンヘドニアの原因となるメカニズムが見つかっている。これらのメカニズムは，報酬反応性の欠損（deficits in reward responsiveness）──具体的には，報酬の予期（anticipation）や報酬獲得への動機づけの欠損，報酬を感じとりあじわうこと（savoring or appreciation of reword）の欠損，報酬学習（learning of reward）の欠損などに帰着する。これまでの治療の大半は防衛系に関連するネガティブ価を減少させることに焦点を当ててきており，報酬系の欠損が扱われてこなかった（Craske et al., 2016）。私たちは，報酬系[*1]の欠損を標的とする新しい治療アプローチが必要であると考え，これをポジティブ感情トリートメント（Positive Affect Treatment: PAT, Craske et al., 2019）と呼んでいる。このセラピストガイドは，クライエント向けのワークブックとセットになっており，PATの基本原理と手順について説明している。

## アンヘドニアとは何か？

　日常生活での活動に対する楽しみや関心の不足（lack）が，アンヘドニアの中核的な特徴であるが（American Psychiatric Association, 2016），なかでもポジティブ感情の低さがアンヘドニアの鍵となる。社会的・身体的快楽の程度を測定する尺度のカットオフ値に基づけば，うつを有する者の相当数は臨床的なアンヘドニアがあると推定される（Pelizza & Ferrari, 2009）。しかし，アンヘドニアはうつ病に限ったことではない。ポジティブ感情はうつ病のみに関連するという以前のモデル（Brown et al., 1998; Clark & Watson, 1991）を否定す

---

＊1　本書では，deficitを欠損と訳す。似た英語で，ほぼ同義で用いられるのがlackであり，これは不足と訳している。deficitは（神経回路や神経や細胞や神経伝達物質などの）物理的なメカニズムの何らかが欠けており，それによって特定の機能が損なわれているという意味合いを有することが多い。時には，単純な不足を意味する言葉としても使われる（e.g., deficits in ventral striatum responsibility）。lackは，何かが十分でないという意味合いを意味する。例えば，喜びや楽しみといった自然にあるべき反応が十分でないときには，lackが使われる。

モジュール1 PATを知る

る証拠がある。実際、ポジティブ感情と不安との横断的・縦断的な関係性の強さは、ポジティブ感情とうつの関係性の強さと同等で区別できないほどである（Khazanov & Ruscio, 2016; Kotov et al., 2010）。さらに、社交不安症（Kashdan et al., 2011）、心的外傷後ストレス症（Hopper et al., 2008; Litz et al., 2000）、全般不安症（Srivastava et al., 2003）においては、若者集団を含め、快楽の障害（hedonic impairment）[*2] が観察されている（Morris et al., 2015）。

　アンヘドニアは精神病理の主要なマーカーでもある。例えば、アンヘドニアは、ベースラインの症状をコントロールした場合でも、うつ病と不安症の両方を前向きに予測していた（Kendall et al, 2015; Khazanov & Ruscio, 2016）。また、いったん障害が出現すると、アンヘドニアはうつ病の予後が不良となる強固な予測因子となる（Morris et al., 2009）。さらに、アンヘドニアは抑うつ気分の改善後の心理社会的機能の低下（Vinckier et al., 2017）やうつ病の再発（Wichers et al., 2010）を予測する。さらに、アンヘドニアは自殺念慮や自殺企図の予測因子である（Ducasse et al., 2018; Spijker et al., 2010; Winer et al., 2014）。2500人以上の気分障害のあるクライエントにおいて、アンヘドニアを有する人は、その後3年間の自殺念慮のリスクが1.4倍高かった（Ducasse et al., 2021）。また、自殺念慮や自殺企図に対する予測効果は、うつ病の他の認知・感情症状（Ballard et al., 2017; Fawcett et al., 1990）や、自殺企図歴、小児期のトラウマ、配偶者の有無、性別、年齢などの他の危険因子をコントロールしても維持されていた（Ducasse et al., 2021）。すなわち、アンヘドニアはうつ病と自殺傾向の関係を統計的に説明しているのである（Zielinski et al., 2017）。

---

＊2　hedonicは身体的に感じられる一過性の快の感覚を指す。例えば、性的な快感はその典型である。他に、食べ物を食べているときの美味しい感じ、気持ちのよい触り心地のほか、嗅覚や聴覚など五感で身体的に快い感覚を指す。しかし、例えば、美的な側面からも食事を楽しんだり、誰かと一緒に食べるから美味しかったりと、快に他の認知的・社会的な側面が含まれる場合には、同じhedonicでも"快楽"と訳している。英語でもpleasureと表現されるときは身体感覚以外の側面が含まれており、日本語では悦楽や歓びといった言葉が近いと思われる。

4

第 1 章　ポジティブ感情トリートメント（PAT）の概要

## 既存治療はアンヘドニアに適していない

　うつを抱えるクライエント[*3]は，ネガティブな症状を軽減させることよりも，ポジティブな気分の回復を優先したいと考えていることが多い（Demyttenaere et al., 2015）。しかし現存する治療法は，ポジティブな気分[*4]に対応するには不十分である。具体的には，標準的な薬物療法は効果がまちまちで，ポジティブ感情や報酬刺激に対する反応を悪化させることさえあるが（Landén et al., 2005; McCabe et al., 2010; Nierenberg et al., 1999; Price et al., 2009），κ‐オピオイド拮抗薬やケタミンなどの新しい薬理学的アプローチは有望な効果を示している（Ballard et al., 2017; Pizzagalli et al., 2020; Thomas et al., 2018）。エビデンスに基づく心理療法（主に認知行動療法［CBT］とマインドフルネスベースド認知療法）は，ポジティブ感情に対する効果は限定的である（Boumparis et al., 2016）。例えば，DeRubeis et al.（2005）の再解析では，認知療法と抗うつ薬による薬物療法は，ネガティブ感情を改善させたが，Positive and Negative Affect Schedule（PANAS）を用いて測定したポジティブ感情にはほとんど影響を及ぼさなかった（Watson et al., 1988）。また，行動活性化療法は，報酬につながる活動によって得られる正の強化によってポジティブ感情を増加させることを目的としているが（Martell et al., 2010），そのような効果が報告されている数少ない研究においても，ポジティブ感情やアンヘドニアに対する効果は限定的であった（Dichter et al., 2009; Moore et al., 2013）。これはおそらく驚くべきことではないだろう。というのも，これまでの行動活性化療法では，報酬やポジティブ感情体験を最大化する点についてはあまり注目されてこなかったためである（Dunn, 2012; Forbes, 2020）。私たちは，報酬反応性の欠損など，アンヘドニアの根底にあると考えられているプロセスを標的とすることで，治

---

＊3　本書では，client with depression といった英語表現の場合，「うつを抱えるクライエント」などと訳し，文脈から明らかに疾患名を指していない限りは「うつ病」の表記はせず，「うつ」と表記している。それは，PAT は診断横断的なアプローチを採用しているためである。

＊4　学術的には，気分（mood）は時間的にある程度安定している状態を，感情（emotion）はより短期的な状態を指す。

*5*

療効果が増強されることを提案した。PAT（Craske et al., 2016, 2019）は，アンヘドニアの症状に対する報酬反応性の欠損を標的とするよう設計されている。

## PATの有効性

　臨床的に意味があり，生活支障度も高い不安やうつを有するクライエントを対象としたランダム化比較試験において，私たちはPATをネガティブ感情トリートメント（NAT）と呼ばれる認知行動的な介入と比較した。NATには，苦痛を感じたり回避したりする状況へのエクスポージャー，脅威の過大評価，破局的思考，自己責任への帰属を減らすための認知再構成，呼吸訓練による覚醒調節が含まれていた。PATには，**瞬間をあじわう**ことによって増強される報酬体験を得るための行動活性化，ポジティブな刺激への注意を高める認知技法，**誰かの幸せを喜ぶ**，**感謝する**，**与える**，**思いやりいつくしむ**といったエクササイズによるポジティブ感情を培う介入が含まれていた。トリートメントは15回の個人セッションで実施された。クライエントはいずれかの条件にランダムに割りつけられ，ベースライン時，トリートメント期間中，トリートメント後，6か月後のフォローアップ時に評価が行われた。

　PATはNATよりもポジティブ感情の改善が大きかった（Craske et al., 2019）。図1.1Aは，PATとNATについて，PANASのポジティブ感情尺度を用いて測定したポジティブ感情の変化を表している。開始時のクライエントのポジティブ感情は非常に低かった（一般人口を基準としたときの15パーセンタイル以下）が，PAT群のクライエントの値は終了時と追跡評価時に健常範囲となった。これは，うつや不安を抱えるクライエントのポジティブ感情を健常水準に回復させる心理学的治療の最初の実証である。また図1.1Bは，PATがネガティブ感情の軽減においてもNATよりも効果的であったことを示している。

　PATの参加者は，6か月後の追跡時においても，うつ，不安，ストレス，自殺傾向についてより大きな軽減を報告した。図1.2に示すように，うつ，不安，ストレスはベースライン時には非常に高かったが，トリートメント経過と追跡期間（治療後6か月）を通じて健常（非臨床的）範囲に減少した。さらに私たちは，ランダム化比較試験による追試で，この結果を再現した（Craske et al., 2023）。

第 1 章　ポジティブ感情トリートメント（PAT）の概要

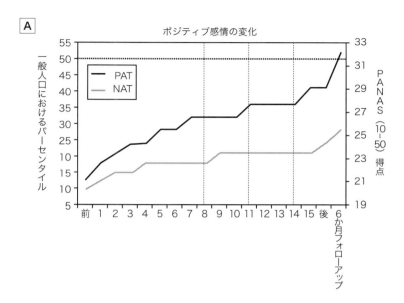

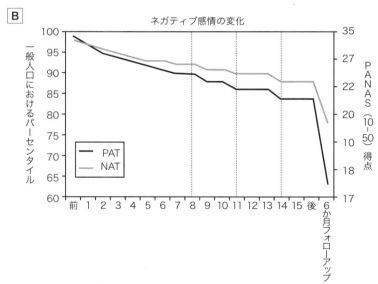

**図 1.1　PAT群とNAT群におけるPANASのポジティブ感情得点（A）とネガティブ感情得点（B）の変化**

モジュール1 PATを知る

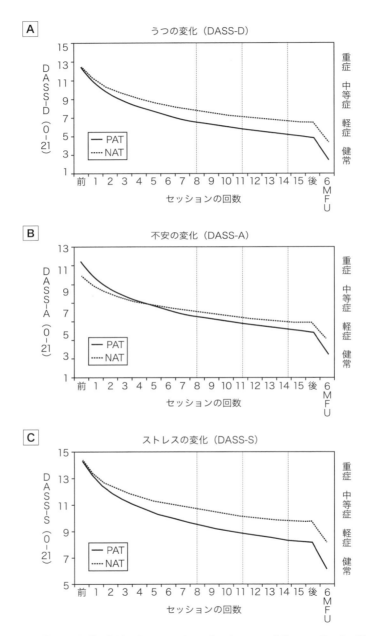

図1.2 PAT群, NAT群におけるDepression, Anxiety, and Stress Scale (DASS) のうつ得点（A），不安得点（B），ストレス得点（C）の変化

## PATに適しているのは誰か？

　前述したように，PATは特にアンヘドニア，すなわち日常生活の活動に対する興味や喜びの喪失に特徴づけられる報酬反応性の欠損や調整不全を扱うために開発されてきた。PATの臨床試験は，臨床的な重症度の目安であるカットオフ値を超えるレベルのうつ，不安，およびアンヘドニアが認められた，主に不安症かうつ病，あるいはその両方と診断された者を対象に行われた。PATは診断基準を完全には満たさないクライエントや，重症度基準では閾値以下ではあるがハイリスク者のうつや不安症状の治療にも有用であると期待される。

　アンヘドニアは，うつ病や不安症の他に，物質使用，トラウマ，摂食症，統合失調症に認められる。現在までのところ，PATはうつや不安を呈する者においてのみその効果が検証されている。しかしながら，ニーズに応じて実施されるならアンヘドニアを有するさまざまな人に対してPATは役立つと期待される。

　クライエントに対する初期のアセスメントとしては，エクササイズ2.1「PATとの相性チェック」とエクササイズ2.2がある。これらのエクササイズ用紙は，ワークブックの第2章（13ページと14ページ），およびこのセラピストガイドの巻末の付録に掲載されている。エクササイズ用紙はすべて本書からコピーしてもよいし，https://www.kitaohji.com/news/n59473.htmlから必要分をダウンロードすることもできる。

## 他の感情の問題がある場合は？

　エビデンスによれば，診断レベルでも症状レベルでも，さまざまな不安症と気分障害が高率で重複することが示唆されている。このため，不安症と気分障害の間で，現在および生涯にわたる診断の併存（diagnostic comorbidity）が観察される（例えば，Kessler et al., 2005）。ある不安症をもつ人が別の不安症または気分障害をもつことは非常に一般的であり，同様に主要な気分障害をもつ人が不安症をもつこともある。しかし，複数の障害があってもPATの使用をさまたげるものではない。実際，特定の不安症と気分障害という診断を横断するアン

モジュール1　PATを知る

ヘドニアの根底にある次元を標的とするために，PATは開発された。注目すべきは，臨床試験の参加者の大多数が不安症と気分障害を併存していたことである。

## 薬物療法の役割

　向精神薬を服用しながらも，アンヘドニアを含む感情的な問題のために心理療法を求める人は多い。アルプラゾラム（ザナックス）やクロナゼパム（クロノピン）などの高用量ベンゾジアゼピン系薬剤，パロキセチン（パキシル）やフルオキセチン（プロザック）などの選択的セロトニン再取り込み阻害薬（SSRI），ベンラファキシン（エフェクサー）などのセロトニン・ノルエピネフリン再取り込み阻害薬（SNRI），クロミプラミンなどの三環系抗うつ薬を低用量で処方され，筆者らのクリニックに来院する者もいる。薬剤とPATの併用による影響についてはまだ解明されておらず，さらなる調査が待たれる。したがって，PATを開始する前に薬物療法を中止することは勧めない。臨床的に必要な場合を除き，通常，PATを行っている間に薬の量を増やしたり，新しい薬をはじめたりすることは推奨しない。なぜなら，薬の変更はトリートメント戦略や薬の有効性評価のさまたげになるからである。これはセラピストを混乱させ，クライエントをいらだたせ，最終的にはトリートメント効果の低下につながる可能性がある。

　ある種の向精神薬には，アンヘドニアを惹起させる副作用があるので（Landén et al., 2005; McCabe et al., 2010; Price et al., 2009），向精神薬を服用しているクライエントには，そのアンヘドニアが薬と関係している可能性について，処方医師と話し合うことが望ましい。

## 誰がプログラムを実施すべきか？

　PATの概念と技法はワークブックに詳細に示されているので，精神保健の専

---

＊5　漢字の部首である「おんなへん」の使用に関してはさまざまな考え方がある。本書では，なるべくその使用を避けている。

門家であればPATの実践をガイドできるだろう。とはいえ，セラピストには認知行動的介入の基本原則に精通していることが推奨される。セラピストはまた，ワークブックの手順の基礎となる原理をよく理解している必要がある。そうすることで，セラピストはクライエントのニーズに合わせてPATを最適化でき，困難や障壁を克服できる。また，セラピストは，このセラピストガイドで紹介されている基本情報や推薦図書を読み，アンヘドニアの性質についてよく理解しておくことが重要である。

## ワークブックの利点

セッション中にセラピストから提示された内容をよく理解しているように見えたとしても，クライエントが重要な点を誤解していたり，忘れてしまうことは珍しくない。ワークブックの最大の利点の1つは，セッションの合間に読み返して学んだことを復習できることと，説明や指示を明確に与えられる点である。また，アンヘドニアを経験したときに，クライエントが自分自身を導くためにすぐに参照できる。まさに必要性が生じているそのタイミングで学習できるため，PATの概念の理解を深め，これらの手順を効果的に活用する方法を深く理解することにつながる。

ワークブックがあれば，クライエントは自分のペースでプログラムを進められる。セッションの間隔を短くすることで，より早くプログラムを進めたい人もいれば，仕事や旅行などの予定が重なり，ゆっくり進めたい人もいる。セッションとセッションの間に，復習や再読のためにワークブックを利用できるようにしておくことは，非常に有益である。また，ワークブックがあれば，トリートメントが終わった後でもすぐに参照できる。トリートメントの内容を再確認する必要があるときもあるだろう。ワークブックは，クライエントが何を学び，何を練習し続けるべきかを思い出してもらうために不可欠である。さらに，ワークブックだけでは不十分な場合は，ブースターセッションを設定できるだろう。

# 第2章

――――― ワークブックの第1章と第2章に対応

# 行動科学と神経科学による基礎理論

アンヘドニア治療の標的：報酬プロセス
報酬をもとめる，あじわう，まなぶスキル
感情を言葉にする
ポジティブへと行動する
ポジティブに目を向ける
ポジティブを積み重ねる

## アンヘドニア治療の標的：報酬プロセス

　思考や行動を制御する2つの中核システムが長らく認識されてきた。目標や報酬に向かう行動を動機づける「接近・欲求系（approach or appetitive system）」は，熱中や誇りといったポジティブ感情と関連する。このましくない結果や罰の回避を動機づける「回避・防衛系（withdrawal or defensive system）」は，恐怖や悲しみといったネガティブ感情と関連する（Lang & Bradley, 2013; Lang & Davis, 2006; Shankman & Klein, 2003）。私たちの意思決定と生存は，危険から身を守る防衛システムと，生き延びるための栄養と養育を得る欲求システムのバランスにかかっている。不慣れで潜在的なリスクのある状況に接近すべきか，それとも，得られるかもしれない社会的・金銭的報酬を犠牲にしてでも回避すべきか。このような，目標を達成し満足感や幸福感を得るための欲求システムも，安全を保つための防衛システムも，どちらも必要である。

　不安とうつは，防衛システムの過剰，もしくは脅威への反応性の亢進が関与していると長い間理解されてきた。このことは，視床下部 - 下垂体 - 副腎（Hypothalamic-Pituitary-Adrenal: HPA）軸や生理的ストレス反応の亢進，脅威

*12*

第2章　行動科学と神経科学による基礎理論

に注意を向け曖昧な状況を脅威と解釈するバイアスの増加，潜在的に脅威となる状況を回避する傾向の増加といった特徴を説明する。さらに最近では，欲求・報酬系の欠損（報酬感受性の低下）の役割が認識されるようになってきた。これらの欠損は，報酬予期や報酬獲得に対する生理的覚醒の低下や自己報告による興味の低下，ポジティブ感情刺激に対する持続的注意の低下，報酬を得るための努力の低下などの特徴を説明する。

　研究者たちは報酬系のさまざまな要素を強調しており，3つの主要な要素へ[*1]と収束してきた（図2.1：Der-Avakian & Markou, 2012; Thomsen et al., 2015）。

- 報酬への予期や動機づけ（anticipation or motivation for reward：もとめる／wanting）は，将来の報酬体験への興味や，報酬を受け取るために費やすエフォート（労力，努力）のことを指す。
- 報酬獲得への反応性（responsivity to attainment of reward：あじわう／liking）は，報酬の快感や快楽的な影響，報酬となることが起こったときにそれに気づき，とどまってあじわう（appreciating）ことを指す。
- 報酬の学習（learning of reward：まなぶ／learning）には，レスポンデント条件づけあるいはオペラント条件づけと，過去の経験に基づく将来の報酬についての予測が含まれる（すなわち，どのような行動が報酬につながるか，どのような刺激が報酬になるかを学習する）。

---

＊1　報酬系の三大要素としてのwanting, liking, learningはそれぞれ，「もとめる」「あじわう」「まなぶ」と訳している。
　　「もとめる」は，何かポジティブなものがありそうだと想像して，それに注意や関心が向かい，接近しようとする動機づけが起こるプロセスを指す。
　　「あじわう」は，ポジティブな刺激が提示され，何らかの入力が起こった際に，その感覚や体験のポジティブな特質をどれだけ十全に，繊細に，じっくりと受容し吟味するかを指している。英語のsavoringは肉感的な，身体的な，体験的なレベルでそのポジティブさをあじわうような意味合いである。appreciateは，そうしてポジティブな体験のポジティブさを認知的にも意味的にも"よきもの，よきこと"として得る意味合いを有する。appreciationが"感謝"と訳されることが多いように，その体験のポジティブな意味合いのありがたみを受け取る，感じ入る，いたみ入るというニュアンスがある。本書では，savoringやlikingと連続して表現されるときには，appreciateを「吟味する」と訳しわけている。
　　「まなぶ」は，ポジティブな体験をした後に生じる，その体験を意味づけ長期記憶に留めるまでのプロセスを指す。ポジティブな体験をポジティブな体験として記憶できない場合には，まなべていないということになる。

*13*

モジュール1 PATを知る

| 欠けている領域 | 報酬系 | |
|---|---|---|
| ・ポジティブな活動にとり組む動機づけ<br>・ポジティブな活動にエフォート（労力）を費やす<br>・ポジティブな結果を想像する<br>・ポジティブなことに興味をもつ | ・報酬への動機づけ<br>・報酬の予期 | <br>もとめる |
| ・ポジティブなことに気づく<br>・ポジティブなものをあじわう<br>・ポジティブ感情を感じる | ・報酬獲得 | <br>あじわう |
| ・何が報酬につながるかを学習する<br>・いかに報酬を得るかを学習する | ・報酬学習 | <br>まなぶ |

**図 2.1　報酬系の一部と関連するアンヘドニアの欠損**

　図 2.1 に示した 3 つの要素は，ワークブックでは，第 1 章の図 1.1 に示している。

　脳の報酬回路は，大脳基底核（特に腹側・背側線条体）と前頭前皮質（特に眼窩前頭皮質）の領域を含んでいる（Berridge & Kringelbach, 2015; Mahler et al., 2007; Peters & Büchel, 2010）。機能的神経画像研究では，報酬への最初の反応，報酬の予期，報酬の学習において，この回路が一貫して賦活することが報告されている。ポジティブな気分の低下と 3 つの要素にわたる報酬感受性の低下との間には強い関連があることを示す説得力のある証拠がある（McFarland & Klein, 2009; Pizzagalli et al., 2008; Thomsen et al., 2015）。

　具体的には，快感情や興味の喪失というアンヘドニア症状は，報酬の予期に対する腹側線条体の反応性の欠損と関連している（Greenberg et al., 2015; Stoy et al., 2012; Ubl et al., 2015）。行動レベルでは，報酬を得るために費やすエフォート（労力）は，アンヘドニアと負の相関がある（Treadway et al., 2012; Yang et al., 2014）。これらから，アンヘドニアは，報酬の予期や動機づけにおける神経や行動の欠損，あるいは報酬をもとめることの欠損と関連していることが示唆される。

報酬獲得に関して，ポジティブ刺激に対する腹側線条体の活動低下は，より広範なうつ症状と比較して，アンヘドニア症状と特に関連している（Chung & Barch, 2015; Pizzagalli et al., 2009; Wacker et al., 2009）。同様に，ポジティブ刺激に対してポジティブ感情が弱いという報告は，うつ症状よりもアンヘドニア症状と強く関連している（Clepce et al., 2010）。さらに，快感情を引き起こす絵画刺激を見たり，快感情を引き起こす文章を想像したりするときの心拍加速度の低下は，アンヘドニアと関連している（Fiorito & Simons, 1994; Fitzgibbons & Simons, 1992）。これらから，アンヘドニアは，報酬を獲得したときの神経・主観・生理反応の欠損，あるいは報酬をあじわうことの欠損と関連していることが示唆される。

報酬学習において，オペラント条件づけ課題に対する腹側線条体の反応が鈍くなることはアンヘドニア症状と相関する（Gradin et al., 2011; Whitton et al., 2015）。また，報酬が得られる刺激への反応バイアスの障害[*2]はアンヘドニアと相関し，将来のアンヘドニア症状を予測する（Pizzagalli et al., 2005, 2008; Vrieze et al., 2013）。全体として，何が報酬につながるか，いかに報酬を得るかという学習についての神経・行動的指標とアンヘドニアの関連を示唆するエビデンスが存在する。

PATのワークブックには，以下のように書かれている。

　　アンヘドニア状態にある人では，ポジティブなことを楽しみにしたり，ポジティブなことがあるそのときによい心地をあじわったり，どうすればもっとポジティブな気分になれるかを学ぶのが難しくなります。それはまるで，ポジティブな感情を調整する心のシステムがうまく働いていないかのようです。

これらの理由から，PATは報酬への予期と動機づけ，報酬獲得への最初の反応（initial response to reward attainment），および報酬学習を標的として設計された。PATのあらゆる側面は，報酬反応性を改善するよう設計されている。ク

---

＊2　通常，人には報酬が得られる刺激への反応バイアスがある。ここでは，その反応バイアスが起こらないことがアンヘドニアと関連するという意味である。

モジュール1 PATを知る

ライエントはしばしば，自分の経験のネガティブな部分に焦点を当てたり，最悪の事態について思い悩んだり，自分の人生の最もネガティブな部分を分析してその理由を理解しようとしたり，修正しようとしたりする。対照的に，PATは，ポジティブで報酬になる体験を楽しみにし，注意を向け，エンジョイし，あじわい，学ぶ能力を高めることに焦点を当てる。それは，報酬についての能力を高めることで，報酬となる体験を（否定せずに）より強く感じられるようになるだけでなく，（内外の）ネガティブな体験の影響も弱められるという考えに基づいている。さらに，ポジティブについての能力を高めることで，人生のネガティブな経験によりうまく対応できるようになると考える。

## 報酬をもとめる，あじわう，まなぶスキル

心理教育では，PATの各スキルの背景にある科学と理論を説明する。行動科学と感情神経科学に導かれて，アンヘドニアに応じて調整不全を呈している報酬反応性の主な要素を扱えるようPATは開発された（Craske et al., 2016）。PATの要素とその主要な報酬系の標的を図2.2に示す。図2.2には，ワークブックの対応する章を示している。

## 感情を言葉にする[*3]

心理教育，感情サイクルの認知・行動・生理的要素の説明に続いて，モジュール1では，ポジティブ感情に対する感情ラベリングのスキルを教える。うつの人は，自分の感情を特定したり，ラベルづけしたりすることが困難な場合（アレキシサイミア）がある（Honkalampi et al., 2001）。アレキシサイミアの人は，全体的にポジティブな感情状態を経験することが少ないため，ポジティブ感情を表現する言葉のレパートリーが限定されている。この言葉のレパートリーを

---

＊3 labeling emotionsを「感情を言葉にする」と訳している。labelingはラベルを貼るという意味から転じて，その対象に対して何らかの言葉を付与し呼び名を与えることを指す。labeling emotionはこれまで言葉にしていなかったポジティブな感覚や感情や体験について，言葉で表現するという行為をさす。

16

第 2 章　行動科学と神経科学による基礎理論

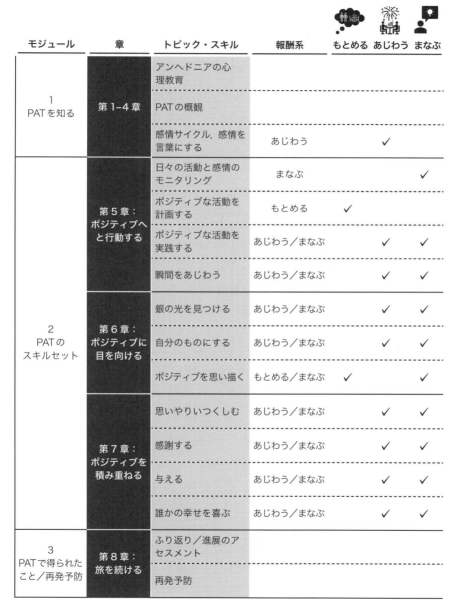

| モジュール | 章 | トピック・スキル | 報酬系 | もとめる | あじわう | まなぶ |
|---|---|---|---|---|---|---|
| 1<br>PATを知る | 第1–4章 | アンヘドニアの心理教育 | | | | |
| | | PATの概観 | | | | |
| | | 感情サイクル，感情を言葉にする | あじわう | | ✓ | |
| 2<br>PATのスキルセット | 第5章：ポジティブへと行動する | 日々の活動と感情のモニタリング | まなぶ | | | ✓ |
| | | ポジティブな活動を計画する | もとめる | ✓ | | |
| | | ポジティブな活動を実践する | あじわう／まなぶ | | ✓ | ✓ |
| | | 瞬間をあじわう | あじわう／まなぶ | | ✓ | ✓ |
| | 第6章：ポジティブに目を向ける | 銀の光を見つける | あじわう／まなぶ | | ✓ | ✓ |
| | | 自分のものにする | あじわう／まなぶ | | ✓ | ✓ |
| | | ポジティブを思い描く | もとめる／まなぶ | ✓ | | ✓ |
| | 第7章：ポジティブを積み重ねる | 思いやりいつくしむ | あじわう／まなぶ | | ✓ | ✓ |
| | | 感謝する | あじわう／まなぶ | | ✓ | ✓ |
| | | 与える | あじわう／まなぶ | | ✓ | ✓ |
| | | 誰かの幸せを喜ぶ | あじわう／まなぶ | | ✓ | ✓ |
| 3<br>PATで得られたこと／再発予防 | 第8章：旅を続ける | ふり返り／進展のアセスメント | | | | |
| | | 再発予防 | | | | |

図 2.2　各モジュールでのスキルと章の全体像

17

モジュール 1　PAT を知る

築くためには，さまざまな強さや種類のポジティブ感情（例えば，喜び，スリル，満足感）を識別する必要があり，このような識別は，それぞれのポジティブ感情に関連する内的状態（例えば，気持ちや思考）に注意を向け，符号化することを促す。ポジティブ感情に関連する内的状態に注意を向けるよう訓練すると，ポジティブな刺激に対する持続的な注意の欠損（Shane & Peterson, 2007）や，ネガティブな刺激に注意を向ける傾向（Koster et al., 2005）が弱まる。したがって，ポジティブな感情に言葉を与える（ラベリングする）過程は，ポジティブな経験への注意を高め，報酬の獲得を高めると考えられる。

## ポジティブへと行動する

　感情サイクルと感情のラベリングに関する心理教育に続いて，モジュール 2 では 3 つのスキルセットを提示する。第 5 章では，快さをしっかり受けとめるために，記憶の特定性訓練（memory specificity training）を通して**瞬間をあじわう**ことによって，ポジティブな活動を計画し，実行する方法について伝える。最初のパートは，報酬となる経験へのとり組みを増やすために考案された行動活性化療法のオリジナルのモデル（Lewinsohn & Libet, 1972）に大きく依拠している。行動活性化では，本来的に楽しい活動，達成感や熟達感をもたらす活動，価値と一致する活動などを日々の生活の中で計画し，実行する。**ポジティブな活動を計画する**スキルは報酬の予期と動機づけ，つまり「もとめる」を標的とし，**ポジティブな活動を実践する**スキルは報酬の獲得への反応，つまり「あじわう」を標的とする。活動中に体験したポジティブ感情を細やかに言葉にすることは報酬の獲得や吟味，つまり「あじわう」を促進する。各活動の前から後まで感情の変化を注意深く観察し，ポジティブ感情の誘発効果を強化する。そうすることで，報酬学習を標的にする（すなわち，特定の活動にとり組むことで，ポジティブ感情が高まるというオペラント条件づけ）。

　同じくらい，いやそれ以上に重要なのは，報酬の獲得やあじわうことを標的にした，その後に行う記憶の特定性訓練である（私たちはこれを**瞬間をあじわう**と呼んでいる）。**瞬間をあじわう**ことは，行動活性化療法とは一線を画すものである。このような記憶の増強が不可欠なのは，うつには，報酬をあじわうこ

*18*

とおよび報酬学習をさまたげるいくつかの特徴があるからである。これらの特徴は以下の通りである。

- ポジティブな心的イメージの乏しさ。うつを抱える人は，そうでない人に比べて，ネガティブな心的イメージが多く，過去（Werner-Seidler & Moulds, 2011）や未来（Stöber, 2000）のポジティブで鮮明な心的イメージや見通しを描くことに欠損がある（Yang et al., 2018）。
- （一人称視点に対する）三人称視点のバイアスがあり，ポジティブ感情が低下する（Holmes et al., 2008a; Mcisaac & Eich, 2002）。
- 概括化された自伝的記憶（overly general autobiographical memory; Holmes et al., 2016），または1つの出来事や1日の範囲で生じる特定の記憶を思い出せないこと（Williams et al., 2007）は，うつ病の発症や経過不良の予測因子である（Barry et al., 2019; Brewin, 2006）。
- ポジティブな自己表象の欠損（Brewin, 2006）。

　これらの理由に関連して，うつを抱える人はポジティブな記憶を過小評価しており，ポジティブな記憶を思い出す機会のために金銭を払う意欲が低下していることが示されている（Speer et al., 2014）。標準的な行動活性化療法では，楽しい活動にとり組むよう指導するだけで，その活動にまつわる記憶には介入しない。アンヘドニアに対して標準的な行動活性化療法の効果が得られないのには，ポジティブな記憶を十分に組み込めていないことが一因となっているかもしれない。私たちの開発した記憶の特定性訓練（**瞬間をあじわう**）では，一人称視点と現在形で，具体的な感覚・思考・感情・状況の詳細を含めて活動を視覚化（visualize）する。私たちのアプローチは，感情症に対する他の記憶の特定性訓練と類似しており，ネガティブで概括化した記憶，うつ，絶望感，問題解決能力，快感情の予期，および活動への行動意図において，短期的な有意な改善をもたらしている（Barry et al., 2019; Hallford et al., 2020a, 2020b; McMakin et al., 2011; Pictet et al., 2016）。一方で，PATでは，**瞬間をあじわう**主な目的は，報酬がもたらす快い感覚を高め（enhance the hedonic impact of reward），報酬をもたらす出来事をじっくりと吟味し，そのよさをあじわう

（liking）スキルを向上させることにある。

　**瞬間をあじわう**ための記憶の特定性訓練では，参加者は目を閉じ，その瞬間・瞬間の詳細（周囲の状況，感情，身体感覚，思考）を現在形で視覚化し，詳しく話す。その際に，最もポジティブな体験に焦点を当てる。身体感覚，思考，行動，およびポジティブ感情に注意を向けるようにくり返しガイドされ，物語る（recounting）ことで体験のポジティブな側面を深め，あじわうことができる。**瞬間をあじわう**ことを通して，他の心理的プロセスも生じる可能性が高い。例えば，誘導されて記憶を詳しく話すことは，体験のネガティブな部分からポジティブな部分へと注意を移すことになる。これは一種の注意コントロール（状況のある側面から別の側面へと注意を移すこと）として機能している。このような注意コントロールは，感情調整として有効であることが示されている（Gross, 1998）。

　さらに，ポジティブな刺激に持続的に注意を向けることそれ自体が，その後のポジティブな刺激への注意の向けやすさにつながることが非臨床サンプルにおいて示されている（Wadlinger & Isaacowitz, 2008）。ポジティブなものへの選択的注意が高まると，今度はネガティブな情報への関心が低下すると仮定されている（Wadlinger & Isaacowitz, 2011）。さらに，ポジティブなものへの選択的注意を訓練することで，ポジティブな情報に対する注意の覚醒度と方向づけが強められ，最終的に，より精巧な注意メカニズムがポジティブな意味の方向にシフトするかもしれない。これにより，日常経験におけるポジティブな情報の符号化が促進される。体験のポジティブな特徴に注意を向ける訓練は，おそらくポジティブ感情を強化する注意プロセスを介して，ポジティブ感情を増加させ，環境内の報酬に接近する傾向を増加させると推測される（Wadlinger & Isaacowitz, 2011）。

## ポジティブに目を向ける

　第6章は，ポジティブな刺激に注意を向けるための一連の認知スキルで構成されている。ネガティブな認知に挑戦するうつ病の認知療法とは異なり，PATの認知スキルは，経験のポジティブな側面を識別して吟味し（あじわう），ポジ

ティブな結果に責任をもち（あじわう・まなぶ），将来のポジティブな出来事を思い描いて感謝する（もとめる）ことを目的としている。したがって，PATの認知スキルはネガティブな考えを扱うことも，思い込みや信念の原因となる思考の誤りを取り上げることもない。その代わりに，過去・現在・未来における経験のポジティブな特徴に注意を向けることに焦点が当てられる。認知スキルでは，主に注意訓練が行われ，代わりとなる認知を生み出す直接的な試みは行われない。注意を向けることは，先に述べたのと同じ理由（すなわち，ポジティブ感情の増加，ポジティブな刺激に対する選択的注意の増加，ネガティブな刺激に対する興味の減少，最終的によりポジティブな意味へのシフト）によって，気分に影響を与えると予想される。したがって，ネガティブな認知を変えようとする直接的な試みがほとんどなくても，根底にある意味や認知がよりポジティブな方向にシフトする可能性がある。1つの例外は，クライエントがポジティブな結果にどのように貢献したかを考えるよう求められる**自分のものにする**スキルである。こちらはより直接的に自己評価に影響する。

　最初の認知スキルである**銀の光を見つける**では，たとえネガティブな状況であっても，ポジティブな特徴を見つけ出し，あじわうように訓練する。日々の状況における複数のポジティブな要素に気づく練習をくり返すことで，ポジティブな情報に対する選択的注意，注意の覚醒，符号化が高まると推定される（Wadlinger & Isaacowitz, 2011）。

　2つめのスキルである**自分のものにする**では，日常生活におけるポジティブな結果に対して成した自分の行動の貢献を確認し（まなぶ），誇り，達成感，興奮といったポジティブ感情をあじわう（もとめる）練習をくり返す。達成したことを鏡の前で声に出して読むことで，報酬を受け取る経験を深めることができる。**自分のものにする**は，ポジティブな結果を外的要因に帰属させようとする抑うつ的帰属バイアスに対抗するものであり，ポジティブな帰属バイアスに向けた訓練に関する実証的証拠と一致している（Peters et al., 2011）。

　3つめのスキルである**ポジティブを思い描く**は，ポジティブな出来事を想像する練習をくり返すと，ポジティブな気分が高まり，解釈バイアスの効果が改善するという証拠に基づいている（Holmes et al., 2006, 2008b; Pictet et al., 2011）。**ポジティブを思い描く**は，Holmesらによる実験プロトコルから導き

モジュール1 PATを知る

出されたもので，参加者は曖昧なシナリオに対してポジティブな結果をくり返し想像する（MacLeod et al., 1993）。PATでは，報酬をもとめることを促すために，これから起こる出来事について，できるだけ多くのポジティブな側面（興奮，喜び，興味関心などのポジティブ感情を含む）をくり返し想像するように誘導される。

## ポジティブを積み重ねる

第7章では，ポジティブな体験を培いあじわうための一連の体験スキルを紹介する。これらのスキルには，**思いやりいつくしむ**実践（すなわち，幸福，健康，平和，苦しみからの自由について心の中で思いを届ける）を通じて心的行為を毎日実践することと，**与える**（すなわち，見返りを期待せずに，毎日少なくとも1回は誰かにポジティブを与える行為にとり組むこと）を通じて実際の行為を毎日実践することが含まれる。また，**誰かの幸せを喜ぶ**（すなわち，健康，喜び，幸運が続くことを願うこと）を通じて他者に幸運が続くことを願う心的行為と，**感謝する**の実践を通じて感謝の感覚を生み出す行動を毎日実践することも含まれる。各エクササイズの前後に感情評価を行い，その効果を評価する。そうすることで，報酬学習（すなわち，この練習にとり組むことで気分が改善する）も標的となる。

この章の内容の多くは，UCLAマインドフル・アウェアネス研究センターで開発された，思いやりいつくしむ，与える，誰かの幸せを喜ぶ，感謝の実践法を改変したものである。私たちはエクササイズがポジティブな側面だけに焦点を当てるように，これらの技法を修正した。

**思いやりいつくしむ**スキルは，自分の感情体験が温かで優しいものになるように訓練する行為とされる（Garland et al., 2010）。このスキルでは，他の生物や自分自身，そして世界に対する愛情と優しさを意識することに焦点を当てるよう促す（Hofmann et al., 2011）。共感やポジティブな気分の増加によって，敵意，怒り，自己批判，恥などの強いネガティブ感情を和らげるのに特に役立つと考えられている。**思いやりいつくしむ**実践は，たとえ短いものであっても（Hutcherson et al., 2008），自己と他者に対するポジティブさを高め，ポジティ

*22*

ブ感情や個人の資源（例えば，誰かとの私的な関係，身体的健康，自己受容，満足感）の改善につながることが示されている（Fredrickson et al., 2008）。統合失調症（Mayhew & Gilbert, 2008），心的外傷後ストレス症（Kearney et al., 2013），持続性抑うつ症（Hofmann et al., 2015）を対象とした有効性を検証する臨床試験から得られた予備的エビデンスによれば，ポジティブ感情の増加と自己および他者に対する感覚の改善が示されている。

**与える**行為も同様に，ポジティブな気分の改善に関連している（Nelson et al., 2016; Rowland & Curry, 2019）。互恵的サイクルにおいて，向社会的行動はポジティブな気分を高め，今度はそれが向社会的行動を高めることが示されている（Snippe et al., 2018）。さらに，他者に対する向社会的行動のポジティブな気分への効果は，うつのある青年で最も大きいというエビデンスもある（Schacter & Margolin, 2019）。

非臨床サンプルではあるが，**感謝する**を育むこと（感謝するリストの作成，感謝の黙想，感謝を行動で表す）は，ポジティブな気分，困難な状況への対処能力，および全般的なウェルビーイングの状態変化につながる（Froh et al., 2009; Geraghty et al., 2010a, 2010b; Wood et al., 2010）。**感謝する**を実践することで，他者から助けられることの価値が高まり（Maltby et al., 2008; Wood et al., 2010），それがより多くのソーシャルサポートを求め，社会的絆を強めることにつながると推測されている（Wood et al., 2008a）。この拡張形成アプローチ（Fredrickson, 2001）は，レジリエンスを高めると考えられている（Emmons & McCullough, 2003）。

**誰かの幸せを喜ぶ**は，成功，幸運，幸福に恵まれた人に対して幸せを感じる実践である。**思いやりいつくしむ**実践と同様に，**誰かの幸せを喜ぶ**は，ポジティブな気分，ポジティブな思考，対人関係，共感の正確さ，心理的苦痛からの回復と関連していた（Shonin et al., 2015; Zeng et al., 2015）。ただし，これらの研究には一定の限界もあり，さらなる研究も必要ではある。ある小規模な研究では，**誰かの幸せを喜ぶ**だけで，健康なサンプルにおいてポジティブな気分が増加することが明らかになった（Zeng et al., 2019）。

# 第3章

——— ワークブックの第3章に対応

## PATの構成と指針となる基本原則

モジュールとスケジュールの概要
各モジュールの概要
スケジュール
PAT の基本／エクササイズ用紙
プログラムの修正適応
クライエントのコミットメント

## モジュールとスケジュールの概要

　第2章で述べたように，PATは理論・科学・臨床経験をもとに開発された。PATはエビデンスに基づいた原理・要素・構造となっている。同時に，クライエントのニーズや優先事項に合わせて個別化（tailoring）することも奨励される（本章後半p.32を参照）。柔軟性が不可欠である。というのも，アンヘドニアの（ポジティブ感情が低い）人は，認知行動療法が成功するための前提条件である，動機づけそのものに困難を抱えるからである。アンヘドニアの本質は意欲（drive），動機づけ，ポジティブな変化を楽しんだり吟味したり（appreciate）する能力の不足（lack）である。こうした欠損（deficit）を注意深く考慮し，それに応じて調整することで，クライエントにとっての利益が最も大きくなるようにする。

　PATの初期は行動に焦点を当てる。研究によると，早期の行動変容が治療初期の効果に関連することが示唆されている。PATでは，行動変容は報酬感受性を高め，環境における報酬へのアクセスを増加させるよう設計されており，それがさらなる行動変容を強化する。これらは動機づけと意欲に不可欠である。行

*24*

第 3 章　PAT の構成と指針となる基本原則

動変容は認知変容とポジティブ実践という，報酬関連能力を高めるスキルによってさらに補完されていく。PAT 後半では主要な焦点とはならないものの，認知変容やポジティブ実践が進む中でも行動変容が継続されるようにする。

　エビデンスに基づく心理療法の標準がそうであるように，日々の実践がこの療法の根本的な作用成分（ingredients）である。

## 各モジュールの概要

### モジュール 1：PAT を知る

- 期間：1〜2 セッション
- セラピストガイドの章：1，2，3，4
- ワークブックの章：1，2，3，4

　このモジュールでは，アンヘドニアの性質，PAT でとり組むこと，各モジュールの内容と理由，感情サイクルの概念について心理教育を行う。クライエントには，アンヘドニアの性質，アンヘドニアがもたらす結果，関連する精神障害，PAT の有効性について理解してもらう。また，PAT の形式やとり組む内容の基本原則が示され，とり組む準備があるか，PAT が自分に必要かを判断する機会が与えられる。この時点で，セラピストはプログラムの個別化を考慮する（第 3 章）。その後，クライエントには思考・行動・身体感覚や感情の相互関係（感情サイクル）と，それらが PAT でどのように標的とされるかが紹介される。また，下向きスパイラルや上向きスパイラルがどのようなものか，そして，それがどのように思考・行動・身体感覚に影響するのかを学ぶ。そしてクライエントは，自分なりのポジティブな感情サイクルを練習していく。

　次に，クライエントには感情を言葉にする（感情をラベリングする）練習を通して，さまざまな種類のポジティブ感情が紹介される。クライエントは，さまざまなポジティブ感情を見つけて言葉にするために，自らの体験のポジティブな部分を慎重に注意して見ていく必要があり，そうすることでポジティブ感情が高まることを学ぶ。クライエントはポジティブ感情ダイヤルを参考にして，自分なりのリストを作っていく。

*25*

モジュール1　PATを知る

## モジュール2：PATのスキルセット：ポジティブへと行動する

- 期間：6セッション
- セラピストガイドの章：5
- ワークブックの章：5

　この章の重要な概念は，ポジティブな活動へのとり組みを増やすこと，行動と感情の関係を検討すること，ポジティブな瞬間をあじわうことである。クライエントには，ポジティブな活動をすることの重要性，ポジティブな活動の頻度を増やす方法，ポジティブ感情をより強く体験する方法を伝える。この目標を達成するために，クライエントは「ポジティブな活動リスト」や，「熟達感をもつことでポジティブを感じることができる活動リスト」を見ていく。その後，自分自身の「ポジティブな活動リスト」を作成する。そして，日常生活の中でどの活動がよりポジティブ感情を生み出しているかを確認するために，ポジティブ感情の記録をとる。その後，ポジティブな活動の計画を立て，その活動の最も報酬的な側面の記憶を高めるための**瞬間をあじわう**エクササイズを行う。

## モジュール2：PATのスキルセット：ポジティブに目を向ける

- 期間：3セッション
- セラピストガイドの章：6
- ワークブックの章：6

　この章の重要な概念は，状況のポジティブな側面に気づく能力を高め，ポジティブな結果を予測し，ポジティブな結果に対する自分自身の貢献に責任をもつことである[*1]。これらは，**銀の光を見つける**（*Finding the Silver Linings*），**自分のものにする**（*Taking Ownership*），**ポジティブを思い描く**（*Imagining the Positive*）といった一連の思考スキルによって達成される。**銀の光を見つける**では，どんなにネガティブに見える状況であっても，ポジティブな面を見つけ，認識するよう求められる。**自分のものにする**スキルでは，ポジティブな出来事に

---

＊1　ポジティブな結果が自分自身の行為によって生じるのをはっきりと認識すること。

*26*

対して自分自身が貢献を果たしていることをはっきりと認めるようにする。**ポジティブを思い描く**では，これから起こる出来事について，ポジティブな結果をくり返し想像するようにする。

## モジュール 2：PAT のスキルセット：ポジティブを積み重ねる

- 期間：4 セッション
- セラピストガイドの章：7
- ワークブックの章：7

この章ではポジティブな体験を培い，あじわうための体験スキルを学ぶ。心の中で与え（**思いやりいつくしむ** *Loving- Kindness*），実際に与える行動をして（**与える** *Generosity*），**感謝する**（*Gratitude*），よきことを願う（**誰かの幸せを喜ぶ** *Appreciative Joy*）という日々の実践を通して，クライエントは自分自身や他者に対するポジティブ感情を育んでいく。そうすることで，自己憎悪，怒り，恥，失望などのネガティブ感情から，共感，自己アクセプタンス，充足といったポジティブ感情へと焦点を移していく。

## モジュール 3：PAT で得られたこと／再発予防

- 期間：1 セッション
- セラピストガイドの章：8
- ワークブックの章：8

最後のモジュールでは，PAT で得られたことを維持し再発を予防するため，これまでの進展をふり返り，実践計画を立て，将来に予想される困難な時期や壁を乗り越えていく方針を提供する。

## スケジュール

図 3.1 に推奨されるスケジュールと構成の全体像を示す。本章で後述するように（p.32 参照），セラピストとしては，クライエントの報酬感受性の欠損や

モジュール1　PATを知る

| 週 | 章 | タイトル |
|---|---|---|
| 1 | 1–4 | チェック<br>・エクササイズ2.1「PATとの相性チェック」<br>・エクササイズ2.2「PATをはじめるタイミングチェック」<br>アンヘドニアの心理教育／PATの全体像<br>感情サイクル<br>・エクササイズ4.1「感情サイクルに気づく」<br>感情を言葉にする<br>・エクササイズ4.2「ポジティブ感情ダイヤル」<br>ポジティブへと行動する<br>・エクササイズ5.1「日々の活動と気分記録」 |
| 2 | 5 | ポジティブへと行動する<br>・エクササイズ5.1「日々の活動とポジティブ感情の記録」<br>・エクササイズ5.2「ポジティブな活動リスト」<br>・エクササイズ5.3「熟達感をもつことでポジティブを感じることができる活動リスト」<br>・エクササイズ5.4「ポジティブな活動マイリスト」 |
| 3 | 5 | ポジティブへと行動する<br>・エクササイズ5.5「ポジティブな活動の計画」 |
| 4–7 | 5 | ポジティブへと行動する<br>・エクササイズ5.5「ポジティブな活動の計画」<br>・エクササイズ5.6「瞬間をあじわう」 |
| 8 | 6 | ポジティブに目を向ける<br>・エクササイズ6.1「銀の光を見つける」 |
| 9 | 6 | ポジティブに目を向ける<br>・エクササイズ6.2「自分のものにする」 |
| 10 | 6 | ポジティブに目を向ける<br>・エクササイズ6.3「ポジティブを思い描く」 |
| 11 | 7 | ポジティブを積み重ねる<br>・エクササイズ7.1「思いやりいつくしむ」 |
| 12 | 7 | ポジティブを積み重ねる<br>・エクササイズ7.2「感謝する」 |
| 13 | 7 | ポジティブを積み重ねる<br>・エクササイズ7.3「与える」 |
| 14 | 7 | ポジティブを積み重ねる<br>・エクササイズ7.4「誰かの幸せを喜ぶ」 |
| 15 | 8 | 旅を続ける<br>・エクササイズ8.1「進展のチェック」<br>・エクササイズ8.2「長期目標」<br>・エクササイズ8.3「学びを維持する」<br>・エクササイズ8.4「壁を乗り越えていく」 |

**図3.1　推奨されるスケジュール**

第 3 章　PAT の構成と指針となる基本原則

資源（時間など）に応じて，セッションの順番や時間を変更したい場合もある
だろう。

## PAT の基本／エクササイズ用紙

　PAT は 1 対 1 の個人形式にて対面で実施する。他の多くのエビデンスに基づ
いた心理療法と同様に，クライエントはセラピストと毎週 50 ～ 60 分のセッショ
ンをもつ。推奨される標準期間は 15 週間で，プログラムの修正も検討できる
（本章後半の「プログラムの修正適応」を参照）。順序・レイアウト・構成は，
Treatments *That Work*$^{TM}$ シリーズを含む認知行動療法に準じている。

### エクササイズ用紙

　プログラムを通して毎日とり組むエクササイズは，セラピストが説明しやす
く，クライエントが使いやすいように作られている。各エクササイズは，まず
セラピストとのセッションで一通り実施してから，クライエントが自宅で練習
する。クライエントが自宅で毎日練習するのに十分な量の用紙を渡すよう留意
する。

　自宅でエクササイズをはじめる前に，エクササイズの説明をしっかり確認す
るようクライエントに促し，各スキルを意図した通りに練習できるようにする。
各活動や練習の前後に，ポジティブ感情を 0 ～ 10 点で評定するよう求める。0
を「最低」，10 を「最高」とする。この評定は，ポジティブ感情の経過観察の
土台となる。この評定によって，セラピストはある活動がうまくいったかどう
かを判断できる。活動や出来事がポジティブ感情につながらない場合は，修正
を加える必要があるかもしれない（各スキルの「トラブルシューティング」を
参照）。また，ポジティブ感情の評定は，アンヘドニアの性質上，ポジティブ感
情に気づいたり感じたりすることに苦労しているクライエントにとって，貴重
なフィードバック，励まし，達成感を与える。

　エクササイズは，指示された通りに記入していくようにする。セラピストが
まず記入してみせることで，クライエントにとってよいモデルとなり，指示さ
れた通りに実施されやすくなる。エクササイズを終えて時間が経ってから，思

*29*

い出しながら用紙に記入するクライエントもいるだろう。しかし，あとから思い出して記録すると，不安やうつに特徴的な注意や記憶におけるネガティブバイアスの影響を受ける可能性が高い。さらに，あとから思い出す場合には，エクササイズをした瞬間のポジティブ感情の変化に関する情報が失われやすい。書くという行為には"心をゆっくりと動かす（slowing the mind)"などの複数の利点がある。不安やうつを抱える人は「心が急かしている」，「気が散りやすい」とよく口にする。書くことで注意を集中でき，その結果，そうしなければ見過ごされてしまうような，ポジティブで報酬となるような経験についての符号化と記憶の固定化が促される。

## ホームワーク

　どのようなエビデンスに基づいた介入にも言えるように，定期的なホームワークの練習が不可欠である。各セクションのスキルは，推奨する期間において（例えば1週間)，毎日（通常1日1エクササイズ）練習することが想定されている。どんなに単純で簡単なように見えても，スキルの練習が奨励される。くり返しの練習は習得の基本であり，スキルの習慣化に必要である。

　もちろん，クライエントがすでに特定のスキルを習得している場合は，この章で後述するようなプログラムの修正適用を検討する。同様に，より多くの時間が必要な場合は，次の章に進む前に，エクササイズで練習する期間を延ばす。また，特定のスキルセット（例：ポジティブへと行動する）のスキル練習は，臨床的に必要と判断されれば，次のスキルセット（例：ポジティブに目を向ける）でも続けるようにする。

　なかには，一日のはじまりや終わりのタイミングで定期的に練習するのが最適なスキルがある（例：**銀の光を見つける**，**ポジティブを思い描く**，**感謝する**，**思いやりいつくしむ**，**誰かの幸せを喜ぶ**)。対照的に，日中にとり組むのが最も効果的なスキルもある（例：**ポジティブな活動の実践**，**自分のものとする**，**与える**)。一日の終わりの時間は意欲や動機づけの低下がより強いさまたげになる可能性があり，その時間帯に練習を押しやって後でいっきに片付けるようなことは避けるよう注意する。

## アセスメントとモニタリング

　精神保健の専門家は，DSM-5 のための不安症面接スケジュール（Brown & Barlow, 2021）を用いて，感情症の有無についてスクリーニングすることを望むかもしれない。この半構造化診断臨床面接は，不安症とそれに伴う気分状態，身体症状症，物質・アルコール使用の DSM-5 診断に焦点を当てている。さまざまな気分障害やサイコーシスのより深い評価を含む，より完全な診断像を得るためには，SCID-5（First et al., 2016）の使用を考慮してもよい。これらの面接から得られる情報によって，鑑別診断を定め，各診断の重症度を明確に把握できる。アンヘドニアの発症や悪化を説明しうる医学的疾患を除外するために，医学的評価を行うことが適切な場合もあるだろう。

　多くの標準化された自己報告式尺度は，事例定式化や治療計画，治療変化の評価にも非常に有用である。情動を直接測定する尺度としては，Positive and Negative Affect Schedule（PANAS; Watson et al., 1988）は状態と特性の尺度を含み，強力な心理測定学的特性を有する。うつと不安の症状の評価には，Depression, Anxiety and Stress Scale（DASS; Lovibond & Lovibond, 1995）を用いることが多く，優れた心理測定学的特性をもつ。進行中の経過を評価し，PAT の成功を判断するために，各セッションの開始時にクライエントに双方の尺度に回答してもらうことを強く推奨する（第 8 章を参照）。

　特にアンヘドニアに対しては，Temporal Experience of Pleasure Scale（予期・消費の下位尺度；Gard et al., 2006）が心理測定学的に妥当な報酬反応性の尺度を提供している。同様に，Snaith-Hamilton Pleasure Scale（Snaith et al., 1995）は快を感じられる能力を測定し，心理測定学的特性を有する。Dimensional Anhedonia Rating Scale（Rizvi et al., 2015）は，興味，動機づけ，報酬反応性に関連するエフォートを測定し，やはり心理測定学的特性を有する。

　セラピストは，機能障害や QOL を調べることも価値があると考えるだろう。おそらく臨床現場で最も広く使用されている Work and Social Adjustment Scale（Mundt et al., 2002）をはじめ，信頼性が高く妥当性が確認された尺度が数多く存在する。

モジュール1 PATを知る

## プログラムの修正適応

PATは本章で前述した形式（週15回の個人セッション）で研究されたが，修正適応することも可能である。例えば，現在では技術が向上しており，遠隔医療プラットフォームでバーチャルに提供することもできるだろう。これによって，より多くのアクセスが可能になるだろう。

### 頻度

もし，週2回のアポイントが可能であれば，週2回，8週間の実施が可能である。クライエントのリスクが高い場合や時間が限られている場合には，このスケジュールを選ぶことができる。週1回のセッションを受けるのが難しく，状態がある程度安定しているクライエントに対しては，2～3週間に1回のセッションでも有益なものとなるだろう。その場合でも，セッション間の定期的なスキルの練習は必須である。

### 期間

期間はクライエントのニーズに合わせることができる。短縮も延長もできる。例えば，クライエントがすでに積極的な活動を効果的に行っている場合，第5章（ポジティブへと行動する）で取り上げるスキルに割くセッションの回数を減らせるかもしれない。逆に，もっと練習が必要だと思われるスキルについては，セッションを追加できる。ただし，通常は，15回のセッションでプログラムを完了するよう作られている。

### 個別化した治療

クライエントの重症度に応じてPATを調整することに加え（例えば，重症度が高いほど，より頻繁にセッションを行ったり，特定のスキルに時間をかけたりする必要があるかもしれない），クライエント特有の報酬系の欠損に合わせてPATを調整できる。もしクライエントが報酬系のある領域で強みを示すが，別の領域では限界がある場合，その限界を標的にしたスキルに多くの時間を費す

32

よう修正適応できる。報酬系の3つの主要な構成要素，すなわち，報酬予期と動機づけ（もとめる／wanting），報酬の獲得（attainment）やあじわう（savoring／liking），報酬学習（まなぶ／learning）に焦点を当てることを思い出してほしい。もしクライエントが報酬予期において障害を示すなら，**ポジティブな活動を計画する**と**ポジティブを思い描く**に多くの時間を費す。報酬学習に苦戦している場合は，PAT初期に**自分のものにする**，**感謝する**，**与える**に焦点を当てることが有益である。報酬獲得が苦手なクライエントには，**ポジティブな活動を実践する**，**瞬間をあじわう**，**いつくしむ**，**誰かの幸せを喜ぶ**をより戦略的に取り上げる。

　ワークブックには，報酬プロセス（予期と動機づけ，獲得，学習）に関して，最も欠損や困難を抱えている側面を特定する質問リストが用意されている。これらの質問は，ワークブックのエクササイズ2.1と，本書の巻末付録にある。

## グループ形式と個人形式

　PATは個人からグループ形式まで修正適応でき，実際，私たちはグループ形式で実施してきた。理想的なグループは8人から12人程度である。グループ形式の場合，セラピストは個人形式で提供されるのと同じ推奨スケジュールに従うとよいだろう。

## 家族や友人に関わってもらう

　家族や友人がどの程度関わるかは，クライエントの希望や状況によって決める。親しい人にどう参加してもらいたいかや，PAT上で障害となりうる問題点について，クライエントと十分に話し合う。家族が参加しても，クライエント自身がクライエントであることには変わりないことを強調する。また，多くの場合，情報公開または開示許可が必要となる。

　最低限として，セラピーにとり組んでいることを，支えてくれる大切な人と共有することを勧めている。ただし，ある種の不健全な関係においては，PATへのとり組みを共有することが安全でも賢明でもない場合がある。大切な人に支えてもらうことで，クライエントのPATへのとり組みが高まり，結果も改善する可能性がある。理想的には，クライエントと大切な人とで，各セッション

モジュール1　PATを知る

の後に学んだスキルをふり返れるとよいだろう。

## クライエントのコミットメント

　他のすべてのエビデンスに基づいた治療と同様，クライエント自身の積極的なとり組み（engagement）が不可欠である。クライエントはセッションでスキルを学び，練習し，復習するときや，ホームワークをこなすときに，積極的にとり組む必要がある。スキルは毎日練習する必要はないが，毎日練習したほうが効果は上がる。標準的な動機づけ強化のテクニック（例：目標の確認，障壁の評価とトラブルシューティング，結果のふり返り，参加の強化）は，積極的なとり組みを促す。クライエントが複数週にわたって十分な関与を示さない場合（例えば，ホームワークへのとり組みが最小限），PATに専念できるようになるまでいったん停止することをお勧めする。

34

# 第4章

——— ワークブックの第4章に対応

## PATを知る（心理教育）

準備するもの
目標
ワークブック第4章の要点
鍵となる概念
感情サイクルとは何か？
下向きスパイラルと上向きスパイラル
感情を言葉にする（ラベリングする）
ホームワーク
事例
トラブルシューティング
セラピストのための覚書

## 準備するもの

- 感情サイクルを書くためのホワイトボードまたは紙
- エクササイズ4.1「感情サイクルに気づく」（すべてのエクササイズはワークブックに掲載されているとともに，本書の巻末付録にも含まれている）
- エクササイズ4.2「ポジティブ感情ダイヤル」

## 目標

- 感情サイクルの概念を導入し，エクササイズ4.1を使って自分の感情サイクルを1つ記録してもらう。[*1]
- 上向きスパイラルと下向きスパイラルについて説明する。

モジュール1　PATを知る

- エクササイズ 4.2「ポジティブ感情ダイヤル」を使って，感情を言葉にする（ラベリングする）ことの重要性について説明する。
- クライエントとともに，エクササイズ用紙に追加できるポジティブ感情を特定する。
- 感情サイクルを記録し，ポジティブ感情を特定するホームワークを出す。

## ワークブック第4章の要点

- 感情サイクルは，何が感情を引き起こし，感情が何をもたらすかを記述するものである。
- どう考え（思考），何をして（行動），身体でどう感じるか（身体感覚）は，そのときの気持ち（感情）に直接的に関わってくる。逆に，感情は考え・行動・身体感覚に影響する。さらに，思考・行動・身体感覚も互いに影響し合う。
- 思考・行動・身体感覚は一体となって，感情サイクルを形成する。
- 感情サイクルにはポジティブな上向きスパイラルとネガティブな下向きスパイラルがある。
- 上向きと下向きスパイラルは自己連鎖型の感情サイクルである。
- PATの目標は，上向きスパイラルに乗れるようになることである。
- 幸福感のほかにも，さまざまなポジティブ感情がある。
- さまざまなポジティブ感情に言葉を与える（ラベリングする）ことで，ポジティブな体験が増え，そうした体験に注意を向けられるようになる。
- PATの目標は，ポジティブ感情の多様性，頻度，強度を高めることである。

## 鍵となる概念

　この章の鍵となる概念は，感情サイクル，上向きスパイラル，感情を言葉にする（ラベリングする），およびポジティブ感情の多様性である。これらは1

---

＊1　原著者に確認のうえで，原書でのmood cycleを「感情サイクル」と翻訳している。直訳では「気分サイクル」となるが，使われている意味を考慮すると「感情サイクル」のほうが適切だと考えられた。

第 4 章　PAT を知る（心理教育）

セッションでカバーできる。クライエントは，感情サイクルとは何か，感情サイクルをどのように特定するか，ポジティブ感情をどのようにラベリングするかについて，その週を通して学ぶ。

クライエントにとっての目標は，以下の通りである。

- 感情サイクルを理解する。
- 1 週間の中でポジティブとネガティブの感情サイクルを特定する。
- 上向きスパイラルとは何か，それが PAT で学ぶスキルとどう関連するかを理解する。
- ポジティブ感情の語彙を増やす。
- 次の 1 週間で体験するさまざまなポジティブ感情に言葉を与える（ラベリングする）。

## 感情サイクルとは何か？

感情サイクルは，感情，思考，行動，身体感覚の関係を説明するものである（図 4.1）。思考・行動・身体感覚は，感情の 3 つの部分として概念化されている。思考，身体感覚，行動はそれぞれ感情に影響する。思考・行動・身体感覚のそれぞれもまた互いに影響し合い，あらゆる方向で循環関係が形成される。

感情サイクルにはポジティブなものとネガティブなものがある。ポジティブな感情サイクルとは，ポジティブ感情を中心に据えたサイクルであり，ネガティブな感情サイクルとは，ネガティブ感情を中心に据えたサイクルである。多くの人は，感情や身体症状を変えたいと願ってセラピーを受けにくる。感情サイクルは，思考や行動に働きかけることによって，間接的に感情を変えられることを示している。これが PAT の採用する認知行動的アプローチである。PAT では，クライエントは思考スキルと行動スキルを学ぶことで，間接的に自分の感情を変えられるようになる。PAT の鍵となる概念を理解するためには，感情サイクルを見直すことが不可欠である。しばしばクライエントは，これらの内的経験を区別するのに苦労し，思考を感情と混同したり，感情と身体症状を混同したりする。さらに，多くのクライエントは，これらの構成要素の関連に気づ

*37*

モジュール1　PATを知る

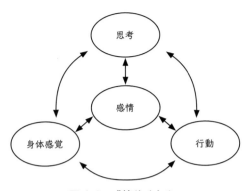

図4.1　感情サイクル

いていない。そのため，ある状況をどのように考えるかによって，感情も変化するという例を用いて，モデルの理解を深める。よく使用される例としては，友人が挨拶をせずに通り過ぎて行ってしまう場面や，物音で夜中に目が覚めた場面などが挙げられる。ワークブックでは，前者の例が使われている。

例の説明をする際，クライエントの答えをホワイトボードや紙に書き出すと（ワークブックの32〜35ページに描かれているものと同様の内容），クライエントは感情・思考・身体感覚・行動のつながりをイメージしやすくなる。

以下は，感情サイクルを導入する際の例である。Tは「セラピスト」，Cは「クライエント」を表す。

T：今日はまず，エクササイズからはじめたいと思います。友達とすれ違うとき，相手が「こんにちは」も言わずに行ってしまったという場面について考えてみましょう。どんな考えが頭に浮かびますか？
C：「友人は気づかなかった」，または，「私が何かしたせいで，友達が怒っている」と考えます。
T：はい，いいですよ。では，友達が怒っているのは，あなたが何かをしたからだ，という考えについて掘り下げてみましょう。自分がしたことのせいで，友達が怒っていると考えたら，どんな感じがしてきますか？
C：イヤな感じです。
T：間違いなくそうでしょうね。罪悪感を感じることもありそうですか？

*38*

第4章　PATを知る（心理教育）

**図4.2　ネガティブな考えがネガティブな感情につながるという例**

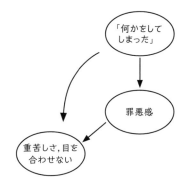

**図4.3　ネガティブな考えとネガティブな感情が身体感覚につながるという例**

C：あると思います。
T：では，「友達が私のしたことで怒っている」という思考から，罪悪感という感情に矢印を引いてみましょう。［図4.2参照］
T：さて，もし罪悪感を感じたら，身体感覚ではどう感じそうですか？　どこかに緊張を感じそうですか？
C：そうですね，おそらく重苦しさを感じ，目を合わせにくくなると思います。［図4.3参照］
T：では，それを書き入れましょう。そして，もし罪悪感を感じたり，何かしてしまったと考えたら，どう行動しますか？
C：友達に電話して，謝ります。
T：それでは，それを書きましょう。ここで，何か気づくことがありますか？［図4.4参照］

39

モジュール1 PATを知る

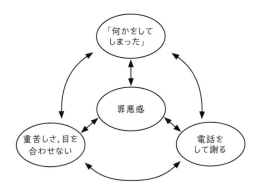

**図4.4　完成した感情サイクルの図**

C：すべてが円のようにつながっているということです。
T：その通りです！　1つのサイクルができあがります。これを，「感情サイクル」と呼びます。真ん中に，感情が位置します。感情には，思考・行動・身体感覚という3つの部分があり，それぞれは感情に影響するだけでなく，お互いにも影響し合っています。
C：なるほど，よくわかります。
T：今の場面で，別の例について考えてみましょう。「あのシンイチという友人は，いつも上の空で，きっと次に作る曲のことでも考えていたんだろう」と思ったとします。こう考えたとしたら，どんな感情や身体感覚を感じますか？
C：たぶん，ちょっとにやにやしてしまうと思います。それがどんな感情なのかはわかりませんが。
T：愉快な気持ちになりますか？
C：そのような感じです。
T：この場合にはどうしますか？
C：後で電話をして，挨拶もしないくらいぼんやりしていたことを，ちょっとからかうと思います。
T：そうですね。ここで，感情サイクルは，ポジティブ感情にも当てはめられることに気づかれたと思います。

第4章　PATを知る（心理教育）

　感情サイクルの説明をした後，クライエントに，自分自身の感情サイクルを完成させてもらう。できれば，ここ1週間のうちの体験に関するものがよい。ポジティブなものでもネガティブなものでも，あるいはそれぞれ1つずつ作ってもよい。アンヘドニア状態にあると，クライエントはポジティブな感情サイクルを作るのに苦労するだろう。感情サイクルは，ワークブックと，本書の巻末の付録に掲載されているエクササイズ4.1「感情サイクルに気づく」を使って記録する。

　まとめると，以下の点をクライエントと共有する。

- **思考→感情**：ある状況をどう解釈するか，どう捉えるかは，感情に直接影響する。
- **行動→感情**：行動は，感情に直接影響する。これを理解してもらうために，お気に入りの活動をするときと大きらいなことをするときの感情について尋ねるとよいだろう。
- **身体感覚→感情**：身体感覚や身体症状も感情に影響を与える。身体的な痛みがあるときとないときで，どのような感情が生じるかを考えてもらう。
- **感情**：思考・行動・身体感覚は，感情に作用するものであり，感情の一部と捉えられる。
- 思考・行動・身体感覚はいずれも感情に影響を与える。逆もまたそうで，感情は，思考・行動・身体感覚に影響を与える。
- さらに，感情の3要素の各部分は，他の各部分にも影響を与える。つまり，それぞれが相互につながっている。
- PATでは，思考スキルと行動スキルを学んでもらうことで，間接的に感情を変化させられるようになる。

## 下向きスパイラルと上向きスパイラル

　**下向きスパイラル**は，ネガティブ感情の自己連鎖型サイクルであり，ネガティブな思考や行動によって維持される（Garland et al., 2010）。例えば，ネガティブな思考が次のネガティブな思考を生み，それがネガティブ感情を生じさせ，さ

*41*

モジュール1　PATを知る

らにネガティブな思考を生む。これらのネガティブな思考は問題行動につながり，ネガティブ感情を維持し，ネガティブな思考を煽る。このようなスパイラルは，先述の感情サイクルの延長線上にあることに気づくだろう。

　多くのセラピストは，クライエントが報告する下向きスパイラルの例を数え切れないほど挙げられるだろう。しかし，あまり認識されていないのが**上向きスパイラル**である。上向きスパイラルは下向きスパイラルと同じパターンをとるが，ネガティブ感情を維持する代わりに，ポジティブ感情を維持する（Garland et al., 2010）。上向きスパイラルは，現在のポジティブな経験が将来のポジティブな経験と関連することを見出した研究の中で，初めて同定された（Fredrickson & Joiner, 2002）。その後の研究において，ポジティブ感情を経験することが認知的再評価を促進することが示されている（Tugade & Fredrickson, 2004）。また，ネガティブな対象への注意バイアスを弱め（Smith et al., 2006），注意の幅を広げ，リソースを増やす（Fredrickson, 2001[*2]）。

　PATの基本目標は，ポジティブ感情を導くことが実証されているスキルを訓練することによって，クライエントが上向きスパイラルに乗れるよう手助けすることである。

　まとめると，以下をクライエントと話し合う。

- 上向きスパイラルと下向きスパイラルが自己連鎖型のシステムであること。
- 上向きスパイラルがポジティブな感情，認知的評価，注意，リソースに与える影響。
- 直近1週間で，クライエントがどのような上向きスパイラルや下向きスパイラルを体験したか。
- 上向きスパイラルと下向きスパイラルは感情サイクルの延長線上にあること。

---

＊2　引用されているフレデリクソンの文献を参照するほか，『公認心理師の基礎と実践⑨——感情・人格心理学』（編・杉浦義典）の第4章「ポジティブ感情の効果」（著・伊藤正哉）においてポジティブ感情の性質や，上向きスパイラルの概要をまとめているので，参照されたい。なお，「リソース」とは何かをする際に役立つさまざまな資源を指し，それは物的な資源（e.g., お金がある），認知的な資源（e.g., 作業記憶が働きやすい状態），感情的な資源（e.g., 気持ちが安定している），社会的な資源（e.g., 人の助けが得られる）など広い意味を有する。

第 4 章　PAT を知る（心理教育）

- これらのスパイラルが，PATで学ぶスキルとどのように関連しているか（すなわち，スキル訓練の目的は，クライエントが上向きスパイラルに乗れるようにするためのものであること）。

## 感情を言葉にする（ラベリングする）

　うつの状態にある人は，感情を言葉にする（ラベリングする）のが困難なことがある（アレキシサイミア）（Honkalampi et al., 2001）。アンヘドニアの人は，総じてポジティブな感情状態を経験することが少ないため，ポジティブ感情を表現する言葉のレパートリーが限られている。レパートリーを増やすためには，さまざまな強度や種類のポジティブ感情（例：喜び，わくわく，満足感）を弁別する必要があり，それを通して，それぞれのポジティブ感情に関連した内的な状態（例：身体感覚や思考）に注意が向き，符号化が促進されるようになる。快感情と関連した内的状態に注意を向ける訓練は，うつやアンヘドニアの特徴である，ネガティブな刺激に注意を向けやすくなり（Koster et al., 2005），ポジティブな刺激に持続的に注意を向けることが難しいという傾向を補正する（Shane & Peterson, 2007）。したがって，ポジティブ感情を言葉にする（ラベリングする）過程を通して，報酬の獲得機会を増やすポジティブな経験に注意を向けやすくなると考えられる。

　このような理由から，ポジティブ感情を言葉にすることは，1つのスキルである。クライエントは通常，ポジティブ感情よりもネガティブ感情の語彙のほうが豊富である。実際，クライエントは，愛や幸せ以外のポジティブ感情を特定するのに苦労することが多い。ここでは，クライエントのポジティブ感情に関する語彙を増やすことを目指すものであり，クライエントはPATのあらゆる段階において，これらの感情言語を使って自分の感情体験を言葉にするようになる。このスキルのもう1つの目的は，自分の感情をより正確に言葉としてラベリングできるようになることで，感情の顕在性（salience）を高めることである。[*3]

　このエクササイズを導入する際には，エクササイズ 4.2「ポジティブ感情ダイヤル」を使用する。このエクササイズは，ワークブックと本書の巻末の付録

モジュール1　PATを知る

に掲載されている。ポジティブ感情ダイヤルは，クライエントが，ポジティブな感情にはさまざまな種類があるだけでなく，その強さにも違いがあることを理解できるように作られている。例えば，「満足」は「幸福」よりも強度が低く，「幸福」は「高揚感」よりも強度が低い。

さまざまなポジティブ感情のリストに目を通してもらい，その感想について話し合うことが，現在のポジティブ感情経験について有益な対話をはじめるために有効である。もし，すでに経験しているポジティブ感情がいくつかあるならば，チャートにそれを書き入れる。チャートにはないポジティブ感情を思いついたら，それも書き加える。最後にクライエントは，自分の気持ちを最もよく捉えている感情に，星印や丸印，下線などをつける。

## ホームワーク

ホームワークとして，クライエントに次のことを求める。

- 次の1週間で経験する出来事を取り上げ，エクササイズ4.1「感情サイクルに気づく」を1枚完成させる。
- ポジティブ感情を特定し，言葉にする（ラベリングする）練習をする。
- エクササイズ4.2「ポジティブ感情ダイヤル」に入っていないポジティブ感情を思いついた場合には書き足す。

## 事例

### 事例　#1

次の場面は，セラピストが感情サイクルと下向きスパイラル・上向きスパイ

---

＊3　「感情の顕在性を高める」とは，自分がそのような感情であることに気づきやすくなったり，その感情をよりしっかりと存在感をもって感じられるという意味である。例えば，"犬" という言葉しか知らない場合には，そこにいるのは "犬" としか知覚されないだろう。しかし，"ゴールデンレトリバー" や "柴犬" といった言葉を知っており，それらの言葉でラベリングされれば，単に "犬" として捉えるのとは異なる，より精緻化された体験となるだろう。

ラルについて紹介した直後であり，クライエントはさらに明確化できるよう質問をしている。

C：ネガティブな感情サイクルがどういうものかは，とてもよく理解できました。いつもそういう体験をしています。それが下向きスパイラルとどう関係しているのかもよくわかりました。例えば昨日，「上司にクビにされる」という考えが浮かびました。そのことで信じられないくらい不安になり，そのせいで吐き気がしました。それで，その日は休むことにしました。でも，その後したことと言えば，一日中ベッドに横になってテレビを見て，さらに心配していました。それでますます不安になり，具合が悪くなりました。今日は，しなければならないことをためてしまったせいで，昨日よりもさらに気分が悪いです。

T：昨日と今日はとても大変だったようですね。つらかったですよね。

C：そうですね。よかったとは言えません。

T：でも，感情サイクルについてとてもよく理解されていて，自分自身の下向きスパイラルも的確に特定できているようです。

C：そうですね，それについてはよくわかります。ただ，ポジティブな感情サイクルや上向きスパイラルについては，ちゃんと理解できているのか自信がありません。

T：それなら，ぜひ，さらに話し合いましょう。具体的にどの部分で引っかかっているのかを教えてください。ポジティブな感情サイクルの話からはじめましょう。ポジティブな感情サイクルについて，具体的にわかりにくいことがありますか？

C：いえ，全体的にぼんやりしています。

T：それでは，全体的に見ていきましょう。感情サイクルという考えかた自体や，ネガティブな感情サイクルについてはよく理解できているようなので，ポジティブな感情サイクルとネガティブな感情サイクルの違いから考えてみましょう。

C：それは答えられる気がします。ポジティブな感情サイクルは，よい気分になるもののことですね。

T：その通りです。ポジティブな感情サイクルには，愛，興味，興奮，喜び，楽しいといった感情が含まれます。一方，ネガティブな感情サイクルには，不安，

悲しみ，怒りのような，通常は抱きたくない感情が含まれます。

C：それはわかります。わからないのは，それが私の場合には，どんな形をとるのかということです。ポジティブ感情が，どうやってよい身体感覚につながったり，行動を引き起こしたりするのでしょう？

T：よい質問です。一番わかりやすいのは，具体例を見ることだと思います。図示すると役に立つので，ホワイトボードに描いていきます。

C：わかりました。エクササイズ用紙にも記録したほうがいいですか？

T：それがいいと思います。昨日，もしくはこの1週間で，ポジティブな感情を感じた例を挙げられますか？　例えば，充足感，満足感，愛情，興奮，興味関心，面白さ，誇らしさなどです。

C：うーん，誇らしさは絶対にないと思います。最後に幸せを感じたのはいつだったでしょう。うーん（考え込む）。ポジティブ感情の例をもう一度言っていただけますか？

T：興味，関心，面白さ，興奮，愛情，満足感……

C：愛情は感じるかもしれません。とても強くは感じないけど，あるということははっきりしています。

T：いいですね。あるということがわかっているだけでなくて，実際にその感情を感じたのはいつですか？

C：最後に愛情を感じたことですか？　うーん，そうですね，最後に感じたのは，もう2か月ほど前だと思います。娘が念願の大学に合格したんです。NASAのエンジニアになりたくて。とても強い愛情を感じて，心臓が破裂しそうにドキドキしました。

T：それはおめでとうございます！　すばらしい達成ですね。娘さんのことで，誇らしい気持ちもあったのではありませんか？

C：誇らしい？　いいえ，私が娘を念願の大学に合格させたのではありません。すべて彼女の努力です。彼女はすごい子なんです。

T：では，誇らしいではなくても，喜びはあったのでは？

C：間違いなく，喜びは感じました。

T：娘さんが合格通知のメールを開いて，あなたが彼女への愛情と喜びを感じたとき，身体にはどんな感覚がありましたか？

第 4 章　PAT を知る（心理教育）

C： わかりません。特に何もなかったと思います。

T： でも，娘さんが合格通知のメールを開ける様子をお話しされている今も，あなたの表情に変化があるように思います。それは何ですか？

C： 笑顔かな。（笑）

T： その通り。他にはどうでしょう？

C： 涙も，ですね。

T： そうですね。喜びや愛情の涙でしょうか？

C： ええ，その通りです。（鼻をすする）

T： これを全部，感情サイクルに書き加えましょう。愛情と喜びが笑顔と涙につながる。この例から，ポジティブ感情が身体感覚の変化にどうつながるかが，おわかりになりますか？

C： はい。では，笑顔は身体感覚なのでしょうか，それとも行動？

T： よい質問ですね。自動的か，意図しないものであれば，それは身体感覚とみなされます。しかし，意識的に笑顔になろうと決めてしているのであれば，それは行動になります。つまり，笑顔は，私たちが自発的にしているかどうかによって，身体感覚にも行動にもなるということです。

C： なるほど。

T： 行動といえば，娘さんへの愛情や喜ばしさを感じて，何をしましたか？

C： ぎゅっと抱きしめて，彼女の耳元で，どれだけ愛しているか，念願の大学に合格できてどれほどうれしいかを伝えました。

T： とても愛にあふれた瞬間だったようですね。

C： そうですね。抱きしめた後，さらに愛情があふれ，深くつながる感じがしました。

T： つまり，感情が抱きしめるという行動や，優しい言葉かけにつながっただけでなく，その行動がさらなるポジティブ感情につながったんですね。

C： その通りです。そして，娘の人生がすばらしいものになるということを，その後ずっと考えていました。少なくとも，彼女はその方向に進んでいます。その朝は，本当にいい気分でした。

T： 今のエピソードはポジティブな感情サイクルと上向きスパイラルのよい例だと思いますので，ぜひメモしておきましょう。その時に感じたポジティブ感情が，

*47*

モジュール1　PATを知る

　　　身体感覚や行動へとつながり，それがさらなるポジティブ感情を引き起こし，
　　　そのことでポジティブな思考が生じて，一日のかなりの時間，よい気分で過ご
　　　せたということですね。

C：そうですね，その通りだと思います。今の例で，上向きスパイラルとポジティ
　　　ブな感情サイクルについても，理解できました。

## 事例　#2

　　これは，人生の大半を慢性的なうつと闘ってきたクライエントに対して，セ
ラピストが感情を言葉にする方法を紹介する場面である。

T：これから，ポジティブ感情のバリエーションを増やすスキルの練習をします。
　　　つまり，幸福感だけでなく，興味，誇らしさ，感謝，充実感，高揚感といった，
　　　さまざまな感情を感じられるようにしていきます。

C：高揚感？　それは無理だと思います。

T：なぜそう思われるのか，もう少しお話しいただけますか？

C：最後に少しでもポジティブなことを感じたのはいつだったか思い出せないです
　　　し，高揚感のような感覚をもつことなんて，考えられないです。

T：そうですね。もちろん，今すぐ高揚感を感じることは難しいかもしれません。
　　　ですが，ポジティブ感情には，他にも満足感，喜び，興味関心，連帯感など，
　　　よりハードルの低いものもあります。この点については，この後の「ポジティ
　　　ブ感情ダイヤル」の説明の中で，もう少し詳しく出てきます。後に挙げた感情
　　　のほうが，まだ現実感がありますか？

C：まあそうかもしれません。

T：もう1つ強調したいのは，PATはあなたのような症状や既往歴のある人のため
　　　に開発されたということです。多くの慢性的なうつにある人が，たとえ最後に
　　　ポジティブ感情を経験したのが何年も前のことであっても，再びポジティブ感
　　　情を感じはじめるのにPATが役立っています。これを聞くと少し安心できま
　　　すか？

C：はい。

T：ではまず，感情を言葉にすることについてお話ししましょう。多くの人は，ネ

48

ガティブ感情を言葉にすることにはまったく困難を感じません。例えば，怒り，不満，不快感，苛立ち，恥ずかしさ，不安など，たくさん出てきます。心当たりはありますか？

C： ええ，もちろんです。

T： ほとんどの人がそうです。たいていの人は，ネガティブ感情をたくさん思い浮かべることができるのに，ポジティブ感情については，「幸せ」以外を思い浮かべるのに苦労します。

C： それは，私もそうです。

T： ポジティブ感情のバリエーションを増やすため，この図を作りましたので，参考にしてください。（エクササイズ 4.2「ポジティブ感情ダイヤル」を見せる）では，詳しく見ていきましょう。

## トラブルシューティング

　ポジティブ感情の不足はアンヘドニアに付随する問題であるため，ポジティブな感情サイクルの例を挙げられないクライエントもいるかもしれない。もし，クライエントが自分でポジティブな感情サイクルを引き出せない場合は，家族や友人，テレビや映画で見たことのある人のポジティブな感情サイクルを特定してもらう。誰のものでもよいので，まずはポジティブな感情サイクルを特定する練習をしてもらう。

　クライエントの中には，最後にポジティブ感情を経験したのがもう何年も前であり，ポジティブ感情を感じることさえむずかしく，ましてや幅広くさまざまなポジティブ感情を経験するなんて信じられない，と言う人もいる。セラピストはその思いを認めて受け止めたうえで，PAT はまさにそのポジティブ感情の強度や頻度，バリエーションを増やすために開発されたものであることを伝え，安心してもらう。

　クライエントの中には，幸せだけに固執し，他のポジティブ感情を幅広く感じられるようになることには興味がないと主張する人もいるかもしれない。この場合は，人が（ポジティブなもの，ネガティブなものを含め）さまざまな感情をもつには理由があることを強調する。感情は，他者や自分自身とコミュ

*49*

ニケーションするための１つの形であり，学びに役立つことを説明する。例えば，興味関心や遊び心は，身の回りの世界について知識を得るのに役立つ感情である。

クライエントの中には，自分が上向きスパイラルにはまり込んでしまうことを恐れる人もいるかもしれない。臨床的な躁状態の病歴がない限り，上向きスパイラルにはまり込むことはあり得ないことを説明する。もしクライエントにそのような既往歴がある場合は，躁病エピソードの引き金になりうるものについて話し合い，PATの期間中，そのような刺激を避けることが重要である。なお，どのPAT戦略も単独で躁病エピソードを誘発することはないことに留意されたい。

## セラピストのための覚書

通常，「ポジティブへと行動する」（第５章）の一連のスキルは「PATを知る」モジュール（第４章）に続けて実施する。推奨される実施順としては，「心理教育」モジュールと同じセッションで，第５章「日々の活動とポジティブ感情のモニタリング」のホームワークを導入することである。第５章の「日々の活動とポジティブ感情のモニタリング」のホームワークは，「**ポジティブな活動を計画する**」スキルの導入前に実施することが望ましい。

## モジュール 2

### PAT のスキルセット

# 第5章

——————— ワークブック第5章に対応

## ポジティブへと行動する[*1]

準備するもの

目標

ワークブック第5章の要点

鍵となる概念

ポジティブな活動の重要性

「ポジティブへと行動する」の構成

日々の活動とポジティブ感情のモニタリング

　ホームワーク

　事例

　トラブルシューティング

ポジティブな活動を計画する

　事例

　トラブルシューティング

ポジティブな活動を実践する

　ホームワーク

　事例

　トラブルシューティング

瞬間をあじわう

　事例

　トラブルシューティング

---

＊1 「Actions Toward Feeling Better」を「ポジティブへと行動する」と訳している。直訳すれば「気持ちをよくするための活動」となるが，この訳では即座に気持ちを楽にさせる活動のみが連想され，PATのスキルセットを表現しきれておらず，表面的に受け取られる可能性が考えられた。「ポジティブに目を向ける」や「ポジティブを積み重ねる」という後続するスキルセットとの対応関係も考慮し，「ポジティブへと行動する」と訳した。

第 5 章　ポジティブへと行動する

## 準備するもの

- エクササイズ 5.1「日々の活動とポジティブ感情の記録」（すべてのエクササイズはワークブックおよび本書の巻末付録にある）
- エクササイズ 5.2「ポジティブな活動リスト」
- エクササイズ 5.3「熟達感をもつことでポジティブを感じることができる活動リスト」
- エクササイズ 5.4「ポジティブな活動マイリスト」
- エクササイズ 5.5「ポジティブな活動の計画」
- エクササイズ 5.6「瞬間をあじわう」

## 目標

- 前回のセッション内容をふり返り，クライエントの疑問に答える。
- 日々の活動や感情をモニタリングする目的について話し合い，ホームワークを話し合う。
- ポジティブな活動の重要性を伝える。
- ポジティブな活動リストを確認し，自分のリストを作成できるよう手助けする。
- ポジティブな活動のエクササイズをセッション中に行って，次週までにポジティブな活動を 3〜5 つ行うようホームワークを話し合う。
- 前週の出来事を取り上げて**瞬間をあじわう**エクササイズを行って，セッション間でもあじわう練習を自分自身でとり組むよう促す。

## ワークブック第 5 章の要点

- 行動の変容は，感情や思考に直接影響を与える。
- ポジティブ感情の低下は，楽しい活動や報酬が得られる活動が不十分であるためであることが多い。ポジティブな活動に積極的にとり組むことがポジティブ感情サイクルを上向きにしていく方法である。

*53*

モジュール2　PATのスキルセット

- ポジティブな活動を計画し実践するだけでなく，その活動中に**瞬間をあじわう練習**を行うことで，その瞬間をしっかりと認め，ポジティブ感情を感じ，それがさらなるポジティブな活動への興味と動機づけを高めていく。ポジティブ感情への効果に気づくことは，自分が成したエフォート（労力）が報酬を得られる結果につながることを学ぶのに役立つ。

## 鍵となる概念

この章では，ポジティブな活動（positive activities）を紹介する。クライエントは，行動が思考や感情と直接的に関係していることを認識し，学ぶ。ポジティブな活動に積極的にとり組むことが，ポジティブ感情サイクルと上向きスパイラルにどうつながるかを学ぶ。クライエントは，ポジティブな活動をセラピストと一緒に計画し，セッション間で実践する。その次のセッションでは，スキルをふり返り，記憶の特定性訓練を用いながら，その瞬間をあじわって，報酬となる感情をしっかりと感じとっていく。

クライエントにとっての目標は，以下の通りである。

- ポジティブな活動を見つけることを学ぶ。
- ポジティブな活動の計画と，これがどのようにポジティブ感情に影響するかを学ぶ（**ポジティブな活動を計画する**と**ポジティブな活動を実践する**スキル）。
- **瞬間をあじわう**を通して，ポジティブな活動の体験を深めることを学ぶ。

## ポジティブな活動の重要性

この章の目標は，ポジティブな活動に積極的にとり組むことや**瞬間をあじわう**エクササイズをくり返し行うことでポジティブ感情を強めることである。感情サイクルにおける行動の要素は，あえてPATの初期に紹介されている。ポジティブな活動はPAT前半の焦点であり，かつ，ポジティブに目を向けて積み重ねていくPAT後半においても続けていく。これまでの研究では，行動変容が早い段階で起きると治療効果が早く実感されることが報告されている。こうした

*54*

効果は，特に動機づけや意欲に乏しいことに苦しむ人にとって必要である。

ポジティブな活動の計画は，うつの病因と維持を説明するレヴィンソンの概念化に基づいている（Lewinsohn, 1974）。その中核は，正の強化の不足がうつ病を引き起こす，もしくは連合するという考えにある。つまり，うつ状態にある人は，ポジティブな活動にとり組むことが少なく，また，ポジティブな活動にとり組んだとしても，これらの活動を報酬として体験できない。うつの治療では，ポジティブな行動の再活性化が有効である（Dimidjian et al., 2006; Dobson et al., 2008）。レヴィンソンが提唱した行動活性化のモデルをもとに，PATではポジティブ感情を生み出す可能性の高い活動に焦点を当てる。これらは活動そのものが楽しくて報酬的で，達成感や熟達感をもたらし，価値に基づくものである。PATは，快の影響（hedonic impact／報酬への初期反応）を高めるために，記憶の特定性訓練を用いて**瞬間をあじわう**という従来にない要素を追加している。これはポジティブな活動を無意味で大切でないものとして見過ごすのを防ぐために不可欠である。むしろPATでは，クライエントはその状況や感覚の細部にしっかりと注意を向け，最もポジティブな要素に集中するよう訓練される。

この章で取り上げる**ポジティブな活動を計画する**スキルは報酬予期の欠損，つまり，もとめる（wanting）を標的とする。**ポジティブな活動を実践する**とこれらの活動で最もポジティブな瞬間をあじわうという**瞬間をあじわう**スキルは，報酬の獲得と吟味，つまり，あじわう（liking）を標的とする。また，ポジティブな活動がどう感情を変化させるかに気づいてもらうことになるため，（どの活動がポジティブな結果につながるかという）報酬学習も標的としている。

## 「ポジティブへと行動する」の構成

「ポジティブへと行動する」のはじめのセッションで，（1）ポジティブな活動の治療原理と，（2）日々の活動とポジティブ感情のモニタリングを説明する。日々の活動とポジティブ感情のモニタリングを1週間行った後，次のセッションでは（1）日々の活動とポジティブ感情のモニタリングをふり返り，（2）ポジティブな活動リストを作成し，（3）ポジティブな活動を計画する。ポジティ

モジュール2　PATのスキルセット

ブな活動のとり組みを1週間行った後，それ以降の各セッションでは（1）ポ
ジティブな活動をふり返り，（2）前週にとり組んだポジティブな活動中の最も
ポジティブな瞬間をあじわう。また，ポジティブな活動をあじわう練習を日々
の生活でもとり組むよう促す。

　PATの前半でポジティブな行動要素に焦点を当てるが，PAT全体を通して，ポ
ジティブな活動に積極的にとり組み，**瞬間をあじわう**練習を続ける必要がある。
新たなスキルが導入されるPAT後半も同じように，クライエントがポジティブ
な活動のとり組みを続けるよう強化する。

## 日々の活動とポジティブ感情のモニタリング

　活動のモニタリングは，日常生活においてどの活動が感情を改善するのか，ま
たはそうでないかについて，クライエントが理解するために役立つ。ワークブッ
クと本書の巻末の付録にあるエクササイズ5.1の「日々の活動とポジティブ感
情の記録[*2]」用紙を用いて，どのように活動と感情を記録するのかを説明する。こ
のポジティブ感情の評定はPAT全体を通して続ける。感情のモニタリングは，
認知行動療法とPATの重要な要素で，これには理由がいくつかある。第1に，
アンヘドニア状態にあるクライエントは楽しい出来事がもたらす心地よさに気
づけないなどの報酬反応性（報酬をあじわうこと）や，レスポンデント条件づ
けやオペラント条件づけによる報酬学習が，十分に機能していない点が報告さ
れている。そのため，単にポジティブな活動を行ってもポジティブな感情の変
化が起こりにくいため，どれほど小さな感情の変化であってもそうした感情に
気づいて報酬体験を深める学習が重要な要素となる。第2に，PAT全体を通し
て感情の変化を観察することで，クライエントは自分がとり組んだ活動と感情
の変化との関係に気づくようになり，それにより報酬学習が向上する。そのた
めPATでとり組む活動の前後で，クライエントに自分のポジティブ感情につい

---

＊2　原版の「Daily Activity and Mood Record」を「日々の活動とポジティブ感情の記録」と訳し
　　ている。PATの治療原理ではモニタリングすべきなのは，感情の中でも「ポジティブ感情」と
　　なる。活動とネガティブ感情との関連ではなく，活動とポジティブ感情との関連に注目してい
　　けるように，セラピストは留意する。

*56*

て0点（最低）から10点（最高）の数値で評定してもらう。

ポジティブ感情の評定について説明した後，「日々の活動とポジティブ感情の記録」用紙の4つの利点を説明する。

1. セラピストとクライエントの双方がスタート地点を確認できる。これは進展をモニタリングするうえで重要である。
2. 日々の活動を客観的かつ正確にわかりやすく記録できる。
3. ポジティブな活動を行うのに適した時間帯がわかる。
4. 活動と感情との関係が明らかになる。

クライエントには1週間に行った活動すべてを観察してもらう。睡眠時間，運動，仕事，食事，余暇，自由時間の活動などである。活動と感情との関係を理解するためには，モニタリングは後で数日分をまとめてふり返るようなことをせず，毎日行うほうがよいと説明する。

モニタリングすることで，活動とポジティブ感情との結びつきを評価できる。ある活動が他の活動よりもポジティブ感情を高めることがわかれば，その活動をくり返したり，ポジティブ感情を高めそうなその他のさまざまな活動への動機づけが高まる。はっきりと効果を感じられなければその活動にとり組む動機づけは上がらない（例えば，歯磨き）。ポジティブな活動においても，その原理は同じであることをクライエントに説明する。

次のセッションで，日々の活動とポジティブ感情の記録について概観する。

## ホームワーク

ホームワークとして，クライエントにはエクササイズ5.1「日々の活動とポジティブ感情の記録」用紙に，1週間，毎日できるだけ正確にしっかりと記入するよう伝える。各活動の前後の感情について，0点（最低）から10点（最高）の数値で評定することをもう一度伝える。

*57*

モジュール2　PATのスキルセット

# 事例

### 事例　#1

　この例では，日々の活動とポジティブ感情のモニタリングの目的をどう説明
するのかを示している。

C： 次の1週間で何をするのかはわかったのですが，それが感情の改善にどう役立
　　つのかがわかりません。結局，自分は全然行動できてなくて，それで落ちこん
　　でるのを直視してしまったら，ますます落ち込んでしまうだけなんじゃないか
　　と思うんですが…

T： 不安に思うことを教えていただいてありがとうございます。そう感じるのは当
　　然のことです。では，落ち込むようなことを，なぜ思い出さなくてはならない
　　のでしょうか？　これには理由があります。それはベースラインを得るため
　　です。

C： ベースライン？

T： どういうことか，例を挙げて説明しましょう。あなたには高校生の娘さんがい
　　らっしゃいますよね？

C： はい。

T： そうしたら，もし彼女がテストで悪い点数をとってきたら，まずどうしますか？

C： 当然ですが，どんな様子かを見るために彼女と話します。

T： そうですね，何かしらの現状確認を行いますよね。他にどんなことを確認しま
　　すか？

C： たぶん，どれくらい勉強しているか，どう勉強しているかとか？

T： そうですよね！　何か改善が必要なのかを理解するには，ベースライン，つま
　　り彼女の学習の現状を知ることが大切ですね。

C： なるほど，わかりました。日々の活動を観察することで，どの活動を別の活動
　　へ変えるべきかがわかりますね。

T： ええ，それに，もっと活動を増やす必要があるかどうかもわかります。

C： わかりました。でも，どうして毎日記録しないといけないのですか？　日々ど

58

う過ごしているのかは，今すぐにでもお話しできます。

T：こうした情報を収集するときに，過去をふり返るのではなく，リアルタイムで
　　行うほうがよい理由がいくつかあります。何かわかりますか？

C：うーん，わかりません。

T：理由の1つは，リアルタイムで行わないと，記憶に頼らざるを得なくなります。
　　もし週のはじめに活動したことを週の終わりに思い出すとしたら，果たしてそ
　　の記憶は正確だと言えるでしょうか？

C：いえ。昨日何したかも覚えていないくらいです！

T：当然です。人間の記憶はそんなものです。ストレスがあったり，落ち込んだり，
　　不安になったりすると，正確に記憶することがさらに難しくなります。

C：ええ，まさに私のことですね。

T：だから毎日モニタリングするのは，より正確に理解するためなんです。


## 事例　#2

　この例では，クライエントがワークシートに記入しなかった状況を取り上げ
ている。


C：ワークシートに記入できず，すみません。

T：そうでしたか。記入できなかった理由についてもう少し教えていただけますか。

C：どうもやる気がしなくて。

T：そうだったのですね，わかりました。実は，PATはまさにこうした問題を標的
　　にしています。

C：正直なところ，記入するようなことが何もなくて，少し恥ずかしく感じていま
　　した。

T：よくわかります。恥ずかしいと感じていることについて話すのは，とても難し
　　いことです。私と話し合うときに，どのような不安を感じますか？

C：用紙に記入している活動があまりに少なくて，怒られるのではないかと。

T：そうだったのですね。何も書いていなくても，あなたへの見方は変わりません
　　よ。実際のところ，ポジティブな活動が少ないだろうと予想しています。だか
　　らこそ，ここにいらっしゃっているのですから。

*59*

モジュール 2　PAT のスキルセット

C： 本当に？

T： ポジティブな活動がわずかであっても，この用紙はさまざまな面で役立ちます。
　　まだまだ変化の余地がある！　ということです。

C： （微笑んで少し笑う）少しわかったような気がします。でも，活動を記録してい
　　るのは，どんな活動が感情をよくするのかを理解するためですよね？

T： そうです，もしそのような活動が全くなければ，一緒に考えていきましょう。

C： えぇ，他の人たちで何もしていないと感じている人がいますか？

T： はい，でも自分の活動を 1 週間記録してみると，自分が思っていたよりもずっ
　　と多くのことをしていることに驚かれる人が多いです。そして，そうした活動
　　の中には，ほんの少しであっても，感情がポジティブになってくるものもあり
　　ます。用紙に一緒にとり組んでみませんか？　そして，あなたが昨日と今日で
　　行った活動を思い出し，それからどんな感情になったかを話し合ってみましょう。

## トラブルシューティング

　1 週間分の「日々の活動とポジティブ感情の記録」用紙をふり返るとき，ポ
ジティブな活動にとり組むと感情がよくなるという関係について重視し，クラ
イエントがどれくらい多くのポジティブな活動にとり組めたか，そして，その
活動のうち楽しいものはどれくらいあったかに気づいてもらうことが目標とな
る。ポジティブ感情の評定の得点が高くなることが客観指標となる。活動後に
すでにポジティブ感情がある程度高い場合（例えば，10 点満点中 5 点または 6
点）や，かなり高い場合（例えば，10 点満点中 8 点）がある。一方で，1 日の
ほとんどの時間で非常に気分が悪く（例えば，10 点満点中 1 点または 2 点），活
動後に感情状態がほとんど変化しないか，あるいは全く変化しない（例えば，10
点満点中 3 点）場合もあるだろう。また，活動後に感情が悪化することさえあ
るかもしれない。感情の評定が低いために自己批判的になることや，過去に報
酬を得られた活動からは今も報酬を得られるはずだという思い込みにとらわれ
てしまうクライエントもいる。また，家族や友人が報酬を得ている活動だから，
自分も報酬を得られるに違いないと考える人もいる。

　ここで，ネガティブ感情サイクルや下向きスパイラルに注意する。PAT を開

始した段階では，クライエントは活動や楽しみがないことを，何も手立てがない，何も変わらないという証拠だと考え，あきらめてしまうかもしれない。また，活動を行ってもポジティブ感情が低いままで，何も反応が生じないのは自分のせいだと考え，失敗の証だと捉えることさえある。「日々の活動とポジティブ感情の記録」用紙に記入する目的が，ベースラインまたはスタート地点を決めることであるとクライエントにもう一度伝える。PATの目標は楽しい活動にとり組む時間を増やしていくことにある。そうすることで，ポジティブ感情が増えて，ネガティブ感情が減少する。

## ポジティブな活動を計画する

　最初に，ポジティブな活動についての治療原理を伝える。報酬を得られる状況を避けることが，いかに孤独感や挫折感につながるかを説明する。このようなネガティブサイクルの経験についてクライエントに尋ねる。そのうえで，行動の変化がどのように思考や感情を変化させるかを説明する。これまでの研究によると，うつ状態にあるクライエントは過去に報酬を得ていた活動から遠ざかる傾向があり，これが症状を悪化させると説明する。うつ状態では意欲や動機づけが不足し，活動がポジティブをもたらすと予測できなくなり，活動しても楽しみを感じづらくなるので，報酬を得られる活動が起きにくくなるのは当然の結果であると説明する。これらが組み合わさって下向きスパイラルに拍車がかかる。この下向きのネガティブサイクルを上向きのポジティブサイクルに転換するために，クライエントは毎週3～5つのポジティブな活動を計画し，その体験をあじわうようにする。ポジティブで楽しみを得られる活動は，心身の健康やポジティブな思考・感情を促進する。

　次のステップでは，現在楽しんでいる，あるいは過去に楽しめていた活動を見つけ出す。ここで重要なのは，その活動が即座に，または活動後しばらくしてポジティブ感情を高める見込みがあることである。

　エクササイズ5.2と5.3にあるポジティブな活動の例を見てもらう。これらはワークブックや本書の巻末の付録にもある。エクササイズ5.2には，風呂に入るなど，快をもたらす活動の例も挙げられている。エクササイズ5.3には，締

め切りを守るなど，うまくとり組めているという感覚（熟達感）をもつことで気分を改善させる例が挙げられている。「これらのうち，現在あなたが楽しんでいる活動はどれですか？」，「過去に楽しんでいた活動はどれですか？」，「やってみたいけれど，まだ試したことのない活動はどれですか？」などの質問をしていく。それぞれの項目の横に「現在楽しんでいる」をC，「過去に楽しんでいた」をP，「これから試す」をTとして記入するよう伝える。

次のステップでは，ポジティブな活動マイリストを作成する（ワークブックと本書の巻末の付録にあるエクササイズ5.4「ポジティブな活動マイリスト」を参照）。くり返しになるが，このリストにも，クライエントがかつて楽しめていたことやうまくとり組めているという感覚（熟達感）をもつことでポジティブをもたらす活動を含める。人との関わり（social interactions）を伴う活動も望ましい。研究では，人との関わりがポジティブ感情の重要な源であると報告されている（Snippe et al., 2018）。人との関わりは，孤立感やつながりの喪失感に効く。友人や大切な人との関わりを避けている人は，絶望や失望に陥りやすい。

用紙に自分のリストを作成するとき，エクササイズ5.2の「ポジティブな活動リスト」で挙げた項目を使うよう促す。クライエントに，「友人を助ける」，「自分の健康を増進する」など，彼らの人生に価値をもたらすような例を加えるよう促す。すぐに楽しみや報酬を得られる活動だけでなく，最終的に達成したときに熟達感や自分のものである感覚（オーナーシップ）をもたらしたり，価値を置き大事にしている行動（や他のポジティブ感情）につながるものも加えるよう，クライエントにもう一度伝える。活動にかかる時間はまちまちである。「目を閉じて10分間休む」という簡単で短時間にできる活動から，「友人のために夕食を作る」という手間のかかる活動まで，バランスよく見つけられるように手助けする。活動はすべて測定可能でなければならない。

## 事例

### 事例 #1

この例では，クライエントが日常的に行える小さな活動を見つけ出し，計画

第 5 章　ポジティブへと行動する

することに苦慮している状況で，セラピストがどうアプローチするかを示している。

T：リストに加えられる活動として，何かありますか？

C：うーん，そうですね，休暇をとって出かけることですかね。以前はそうするのがすきでした。また友達と祝日や誕生日を祝うこともいいかもしれないです。

T：なるほど，確かに活動リストに加えるとよいですね。日常的に行えそうな活動は他にありますか？

C：日常的？　本を書きたいかな。本を書くことだったら，毎日できます。

T：休暇をとって出かけたり，友達と誕生日を祝ったり，本を書いたりすることで，わくわくするのですね。すばらしいです。こうした活動を「高価」(big-ticket)なイベントと呼んでいます。どういう意味かわかりますか？

C：計画するのが大変だったり，頻繁にできなかったり？

T：その通りです。多くの人は休暇をとることや大切な人と祝うことがすきですよね。こうした活動でポジティブな感情が高まることは想像しやすいですね。こうした機会は毎日あるものではなく，特別です。それなりの計画も必要となります。めったにないことだからこそ，計画する必要があると言えます。また喜びを何度でも感じられる活動をリストに入れることも大切です。何か思いつきますか？

C：うーん，思いつかないですね。楽しめている活動がほとんどないです。

T：気力がなくて，やめてしまった活動はありますか？

C：はい，ランニングとか。

T：いいですね！　それを活動リストに加えましょう。すきだけれどやめてしまった活動は他にありますか？

C：息子に本を読んであげるとか？

T：いいですね！　それをリストに加えましょう。


**事例　#2**

　この例では，クライエントが「ポジティブな活動リスト」を困難度ごとに作成するとき，どうセラピストが手助けするかを示している。

*63*

モジュール2　PATのスキルセット

T：10個もリストにできて，本当にすばらしいです！　これらの困難度を見て，何か気づくことがありますか？

C：すべて6点から10点の間ですね。

T：その通りですね。これらの活動は困難度が高いと言えます。

C：そうですね。何か問題ですか？

T：難しい活動がいくつかあるのはよいことです。ポジティブ感情を得やすい活動を見つけられていますし，こうした活動は熟達感やつながり感を高めます。

C：私もそう思います。

T：しかし，理想的には困難度が5点以下で，簡単でとり組みやすい活動もリストに加えたいところです。何か思いつきますか？

C：ええ。ヨガをするというのは，どうかしら？

T：ポジティブ感情を高めてくれそうなものなら，とてもよいと思います！　時間がかからず，簡単にできる活動で，他にはどうでしょうか？

C：よくわからないけれど。やめてしまったことと言えば，庭の手入れをしなくなったことです。簡単で時間もかからないのに，なぜかやる気が起こりません。

T：それはよい例だと思います！　それもリストに加えましょう。

## トラブルシューティング

　ポジティブな活動という概念について，クライエントから理解を得がたいかもしれない。クライエントは「何もする気が起きない」，「自分の感じ方が問題なのに，行動から解決しようとするのが理解できない」と言うかもしれない。この考えは的を射ている。というのも，アンヘドニアの性質そのものによって，動機づけや意欲をしばしば失っているからである。クライエントは，活動の多くをやめてしまっているか，活動から何の喜びも得られていないため，活動から気分がよくなることがもはや想像できない。また，活動を楽しめているクライエントであっても，労力をかければよい結果につながるとは思えずに，ポジティブな活動を起こせなくなっているかもしれない。こうした内在している問題にとり組むため，セラピストは受容的で支持的な態度で，ポジティブな活動にとり組むことへの不信感やためらいこそが，PATが設計されている背景であると

説明する。

　セラピストは，クライエントの不安はごく自然で無理もないと伝える一方で，喜びを得られる活動に積極的にとり組むことで喜びが大きくなっていくことを再度しっかりと説明する。多くの場合，「はじめること」が一番難しいと伝える。クライエントに物体運動の第1法則（慣性の法則），「静止している物体は静止したままであり，運動している物体は外力が作用しない限り運動したままである」を説明する。アンヘドニアの文脈で言い換えると，「いったん活動をはじめれば，活動し続けるのはずっと簡単である」となる。気力がなかったり，課題に圧倒されそうになったり，ポジティブ感情がもたらされると想像できず，何かをはじめるのは無理だと思ったことがあるかを尋ねてもよい。過去の例を取り上げる際には，いったん活動をはじめてみたら続けるのは簡単だった例を見つけ出すようにする。その活動は，予想以上に多くの喜び，自分自身でてきている感覚（オーナーシップ），達成感をもたらしていたかもしれない。

　行動を起こす前にネガティブな考え・感情・生活環境を「正す（fix）」必要があると固執している場合には，行動変容のための治療原理をくり返し説明しておく。これは，問題を抱えているパートナーシップ，過酷な労働環境，困難な生活環境など，ひどい状況に陥っていると感じているクライエントへの対応として重要である。病気やその他の要因で身体的な制約がある場合も同じである。共感的に聴き，必要であれば危機に適切に対処していくが，人生の多くはコントロールできないかもしれない反面で，自分の行動はほとんどいつもコントロールできるという考えに立ち戻ることが重要である。これは「よいことを楽しむには，まず間違いを正す」必要があるという思い込みを大きく転換させるメッセージとなる。

　研究では，認知行動療法はネガティブ感情を減少させる効果が示されているが，ポジティブ感情を増加させる効果はあまり示されていない。PATにとり組んだクライエントは，ネガティブとポジティブの両方で有意な改善を示している。特に従来型の心理社会治療に慣れ親しんでいるクライエントには，これらの知見を提供するとよい。

　クライエントによっては，現在や過去のポジティブな活動を見つけ出すことが非常に困難な場合がある。研究では，うつ状態のクライエントは，過去のポ

ジティブな出来事を思い出すことが困難であると報告されている。具体的には，過去のポジティブな心的イメージを鮮明に思い浮かべること（Werner-Seidler & Moulds, 2011）の欠損や，ポジティブ記憶を大切なものとして扱わない傾向（脱価値化, Speer et al., 2014）がうつと関連する。その結果，過去の活動が喜びを感じるものと（かつてはそうであったとしても）思い描けなくなる。クライエントのその気持ちを認め，そうなるのはよくあることであると伝える。そして，子どものころにポジティブであった活動（食べ物，野外活動，旅行，社会活動）を思い返すように促す。また，日々行っている多くの活動は，すぐに報酬を得られるものばかりでなく，しばらくしてから達成感や自分が成した感覚（オーナーシップ）を得られるものがあることをクライエントに再度伝える。さらに，一歩一歩の積み重ねが大切であり，感じられるポジティブ感情が極めて少なく，たとえわずかであっても，それが正しい方向への一歩であることを説明する。

　クライエントの中には，活動を列挙すること自体は難しくないが，ほとんどすべての活動で達成が難しいと評定している人がいる（0点から10点までの数値で7点以上）。これは，重度のアンヘドニアやうつのクライエントでは珍しいことではない。たとえ最終的に喜びや報酬を得られる活動であったとしても，あらゆる活動に圧倒されているからである。ここでも，クライエントに慣性の法則をしっかりと伝えることが重要である。「行動を起こす」ことが難所である。クライエントには，挙げた活動を容易で達成しやすい活動へ細分化するよう促す。例えば，「ランニングをする」は「近所を散歩する」へと細分化できるだろう。いくつかの活動は0点から4点の困難度にあるようにする。

　観察可能な活動でなければならない理由を理解するのが難しいクライエントがいる。他人が観察できる活動や測定可能な活動を選ぶことで，ポジティブ感情の変化を観察しやすくなる（報酬を得やすくなる）ことを説明する。例えば「もっと気分がよくなるようにしよう」，または「もっと前向きに考えよう」というのでは，客観的で観察可能な形で測定できない。測定しなければ，ある行動によって生じた結果であることも，行動が感情に及ぼす効果を評定することもできない。それどころか，クライエントは「決して変化することはない」と思って不満を抱きがちになるかもしれない。

第5章　ポジティブへと行動する

　最後に，報酬を得られる見込みがほとんどない活動を避けるように促す。例えば，「友人のために夕食を作る」をリストに加えることは，料理がすきなクライエントであれば正の強化として働く。しかし，料理することが楽しくないクライエントには報酬になり得ない。恐怖のために避けている状況や出来事を見つけ出すことが目標ではなく，むしろ快をもたらす活動（hedonic activities）を実践することが目標となる。

## ポジティブな活動を実践する

　ここまでで，ポジティブな活動が見つけ出され，1週間分のモニタリングによって，活動と感情のベースラインが得られている。これでクライエントは，ポジティブな活動の計画を立て，実践する準備が整ったことになる。それらはそれ自体が楽しい活動，達成感や熟達感を得られる活動，価値に基づく行動である必要がある。

　ポジティブな活動へのとり組みでは次の2つが標的とされる。計画する段階では報酬予期と動機づけ（もとめる）を標的とし，実践する段階では報酬獲得への反応性（あじわう）を標的とする。活動中に体験したポジティブ感情をすべて言葉にする（ラベリングする）ことで，快の影響（hedonic impact）が強められる[*3]。さらに，各活動の前後で感情を記録していくことで，報酬学習（すなわち，その活動にとり組むことで，ポジティブ感情が高まることを学習すること）も標的となる。

　計画する段階のはじめに，クライエントにポジティブな活動マイリスト（エクササイズ5.4）から3〜5つのポジティブな活動を選んでもらう。クライエン

---

＊3　ここでいう「快の影響（hedonic impact）」とは，その快楽や気持ちよさが体験のさまざまな側面（身体の感覚，イメージや雰囲気，認識）に影響を与えることを指す。ポジティブ感情を言葉にすることで，何も言葉を与えないよりも，より豊かな快い体験へとつながる。例えば，美味しいラーメンを黙々と食べていればそれで体験としては終わるかもしれない。しかし，「うんっめぇ〜！！　このふくよかな醤油スープに，芳醇なだしのうまみが溶け込んで，鼻の奥までよい香りが満ちていき，脳の裏側まで刺激されて，恍惚としてくるわ〜」などと言葉を与えることにより，より豊かで鮮明でなものとして身体的にも，それに伴うイメージとしても体験されるだろう。言葉は，このような快の影響を浸透させ増強させる道具となる。

*67*

モジュール2　PATのスキルセット

トは，これらの活動を次の1週間で実施し，活動ごとにエクササイズ5.5の「ポジティブな活動の計画」用紙に記録する。

　活動がどんなに容易に思えても，とり組むときの障壁を最小限にするために，複数のステップに分けるとよい。もしその理由を理解することが難しい場合，自動車の運転などの過去の例を挙げて，どうスキルを学んだのかについて尋ねる。たった1日で運転を覚えただろうか？　教習所を探すところからはじまり，レッスンの申し込み，知識の勉強，毎日の練習など，複数のステップが必要であったことだろう。さらに，活動をステップに分けることで，圧倒される感覚を防げる。ステップのいくつかにとり組むだけでも価値があるとクライエントを安心させる。選択した活動を行うのに必要なステップを，エクササイズ5.5の用紙に書き出すようクライエントを手助けする。

　次に，活動がどの領域のものかを整理していく。例えば，運動は健康に役立つし，余暇活動にもなる。友人と一緒に行うなら，運動は社会活動でもある。感情的ウェルビーイングには人とのつながりをもてている感覚が重要であることを考えると，少なくとも1つの活動領域は社会的な（友人や家族と一緒にする）ものである必要がある。

　時間（短いvs長い）と困難度（簡単vs難しい）を考慮した活動が3〜5つあるかを確認する。クライエントがすでにいくつかのポジティブな活動にとり組み，楽しんでいると報告している場合，達成感，価値，熟達感につながる活動を加えるよう促す。

　エクササイズ5.5の用紙に記入していくとき，クライエントに1週間のうちで活動を行う具体的な曜日と時間，どれだけの時間を割くかを尋ねる。スケジュールをたくさん立てすぎると，失敗した気持ちになることがあるので，そうしないよう留意する。

　機能が非常に低下しているクライエントには，最初は練習のためにやりやすい活動を1つだけに絞ると効果的かもしれない。例えば，風呂に入る，本を読む，子どものためにおやつを作るなど，くり返しできる活動を選ぶ。PAT初期の慎重さが求められる段階では柔軟に対応し，どんなに容易なものでもよいのでとにかくできることを組み込むことが重要である。失敗することに非常に敏感なクライエントには，最初は「絶対に確実にできる」活動を選ぶ。

第5章　ポジティブへと行動する

　最後に，クライエントに，活動前後の感情について，0点（最低）から10点（最高）までの数値で評定し，そのときに体験したさまざまなポジティブ感情を言葉にする（ラベリングする）よう伝える。この一連の手続きをしっかりと行うために，エクササイズ4.2の「ポジティブ感情ダイヤル」を手元に置いておくよう伝える。

## ホームワーク

　クライエントはホームワークとして毎週3〜5つのポジティブな活動を行う。その際にエクササイズ5.5の「ポジティブな活動の計画」を用いて，その活動前後の感情を記録し，体験したポジティブ感情すべてをラベリングしてもらう。

## 事例

### 事例　#1

　次の例では，ポジティブな活動を行うことに罪悪感をもつクライエントを示している。

　T：「ポジティブな活動の計画」の用紙を見てみましょう。どうでしたか？
　C：そうですね……，たった1つの活動しかこなせなかったですし，それでさえ，あまりよい出来とは思えません。
　T：どうしてそう思うのですか？
　C：こういうエクササイズは本当に大変です。なぜだかよくわからないけれど，ただもうそういう気分になれないのです。
　T：もう少し詳しく教えてもらえますか？
　C：えっと，仕事の締め切り，家のこと，子どもの学校のことなど，やらなくてはいけないことがあって，もうどうしたらいいのかわかりません。報酬を得られる活動ばかりするのは間違っています。だって，やるべきことをこなさないと，周りの人たちをがっかりさせてしまいます。
　T：そう感じていらっしゃるのですね。脳が「楽しいことは最後にすべし」と言っ

*69*

モジュール2　PATのスキルセット

　　　ているような気がしませんか？

C： ええ，まさにその通りです！

T： それでは，そう考えたとき，どんな気持ちになりますか？

C： ひどい気分です！

T： そうすると，ひどい気分になると，やる気はどうなりますか？

C： 消え去ってしまいます。実際に，ベッドで横になることが長くなり，仕事もあ
　　まりはかどらなかったですし，子どもたちを迎えに行くのも遅くなってしまい
　　ました。

T： これ，聞き覚えないですか？

C： ええ，ネガティブ感情サイクルと下向きスパイラル？

T： その通りです。PATでは，このサイクルをどう断ち切りますか？

C： ポジティブな活動をする。そうすると気分がよくなって，他の活動をするやる
　　気がわいてくる？

T： その通りです！　ポジティブな活動を，エナジードリンクや濃いめのコーヒー
　　のようなものだと思ってください。そうすれば活力を感じやすくなり，難しい
　　仕事にも取りかかりやすくなります。楽しい歌を聴くことや太陽の光を浴びな
　　がら10分間散歩するような単純なポジティブな活動でも，気分が上向きにな
　　ります。慣性の法則を思い出してください。気分がよくなるだけでなく，実際
　　に「動き出している」のですから，続けることが簡単になります。

C： なるほど，わかりました。

T： では，活動リストをもう一度見直してできることがないかを考えてみましょう。
　　簡単にできる活動をいくつか用意し，それを熟達感や達成感を得られる活動と
　　組み合わせていきましょう。例を考えてみましょうか？

C： 娘の担任の先生にメールを書いて送らなくてはいけないんです。娘と一緒に
　　ゲームを楽しんだ後に，メールを書くのはどうでしょうか？

T： それはすばらしい例ですね！


**事例　#2**

　この例では，ポジティブな活動を行っても気分がよくならないクライエント
への働きかけを示している。

70

第5章 ポジティブへと行動する

C： ほとんど毎日活動を行っていますが，正直言って，気分がよくなりません。時々
気分が悪くなることさえあります。

T： それは大変でしたね。いずれにしても，活動にとり組めたことはすばらしいで
す。前にお伝えしたように，定期的な練習をはじめつつあるときが一番難しい
です。今週，これを見事にできたのです。ですから，これらの活動によって気
分がよくなることが多くなるとよいですね。それでは，感情の評定を見てみま
しょう。何か気づくことがありますか？

C： まあ，すべての活動が悪かったわけではないのかもしれません。感情がよくな
る活動もありましたけど，それでもほんの少しでした。ほとんどの場合，感情
は変わらなかったし，時には悪くなりました。

T： わかりました。では，ポジティブな変化があったものから考えましょう。どん
なことが，ポジティブな感情につながったと思いますか？

C： うーん，よくわからないけど，たぶん単にやりやすかったから？ それに，す
ぐに気分がよくなったかしら。特に海辺を歩いているときですね。

T： いいですね！ 大事なことですね！ では，感情がよくならなかったもの，あ
るいは悪くなったものはどうですか？ 何か共通点はありましたか？

C： そうですね，ちょっと怖いと感じたものもあったし，はじめるのが本当に難し
かったものもありましたね。

T： すばらしい観察ですね。怖いと感じたことや，やる気がなかなか出なかったこ
とについて，もう少し教えてください。

C： 何年も連絡をとっていない友人に電話しようとしたんです。彼女はとても面白
い人で，もう一度交流をもてるといいなと思っていました。最初のステップの
通りに，彼女の電話番号を調べたのですが，いざ電話しようとすると，彼女は
私と話したくないんじゃないかとすごく不安になりました。そう思うと気持ち
が動転して，気分が悪くなりました。やる気が消え失せて，彼女に電話するの
は悪いことのように感じました。

T： しばらく連絡をとっていない人に電話するのは怖いことですね。でも，多くの
場合やってみないと結果はわからないものです。トライしないかぎり，どうな
るか知り得ません。そして，やってみたら，それだけの価値ある見返りがある
かもしれません。人と関わる活動について話し合ったことを覚えていますか？

*71*

モジュール2　PATのスキルセット

C： 人と関わる活動は，そうでない活動よりも気分を高めてくれる？

T： その通りです。来週，友達に電話してみますか？

C： うーん，どうでしょうか，なんて言ったらいいかわからないんです。

T： なるほど。では，会話のロールプレイをするのはどうでしょうか？

C： ええ，それは役立ちそうです。


## 事例　#3

この例では，同じ活動ばかりにとり組むクライエントとのトラブルシューティングを示している。


C： 今週もポジティブな活動として，前回と同じように近所を散歩しました。

T： どうでしたか？

C： よかったです。ここ数週間と同じです。一日中デスクワークをした後に身体を動かし，新鮮な空気を吸えるから最初は楽しめるけれど，以前ほど気分がよくなりませんね。

T： ポジティブな活動が1つだけになると，こうしたことが起こります。たまにすきな映画を観れば気分はよくなりますが，毎日くり返し観ると，楽しみが減ってしまいます。大切なのはバリエーションをもつことです。

C： そうなんですね。

T： 散歩のほかに，ポジティブな感情につながる活動は何かありますか？

C： そうですね，活動リストにたくさんあります。今週は他の活動を選んでみます。


## トラブルシューティング


ポジティブな活動を計画するときに生じやすい問題の中には，ポジティブな活動にとり組むという治療原則，1週間を通してポジティブな活動にいくつかとり組むことの重要性，それらをステップに分けて進めること，困難度の異なるさまざまな活動を取り入れること，人との関わり，報酬の質（快さ，価値，熟達感，達成感など）について，クライエントに伝えることで解決に向かうものもある。一方で，多くの話し合いやサポートを必要とする問題もある。これら

の例をここに挙げる。

　他人と積極的に関わる活動は，とてもこのましいことで効果的であるが，クライエントにとって非常に難しいことがよくある。ネガティブな考えが，他者に働きかけようとする動機づけや自信をさまたげる。このようなクライエントには，ロールプレイが役立つ。例えば，あるクライエントが，何か月も連絡をとっていない古くからの友人に電話をかけるとする。活動をステップに分けるだけでは不十分かもしれない（例えば，クライエントは話すことが何もないと恐れている）。ここでは，ロールプレイがエクスポージャーとなるのではなく，計画した活動が最終的に成功するために，最初のとりかかりを手助けするのである。この例では，クライエントはつながりを再びもつことで幸せな気持ちになると期待している。ロールプレイを同じように活用して，達成感や熟達感を得られる活動を推し進めることもできる。例えば，職場でリーダーシップを発揮したり，家事を終えるために助けを求めたりする場面のロールプレイなどである。

　時にはクライエントが活動にとり組んだ後に気分がよくならなかったと報告することがある。その場合，クライエントが活動中に気が散っていたか，反芻していたかを検討する。もしそうであれば，ポジティブな結果に気づき，認めることが難しくなるためである。ここでは，ポジティブな活動にとり組むとき，「その瞬間」にとどまること（すなわち，マインドフルネス）を大切にする。他には，ポジティブな活動へのステップにとり組んだが，それ自体の報酬からは強化されなかった場合が考えられる（例えば，確定申告，仕事にとりかかる）。この場合，特定の目標や価値（例えば，申告を完了する，仕事の締め切りを守る）に向かって歩みを進めているという感覚を積極的に強化する。

　最後に，同じ活動に何度もとり組んでいるクライエントに気を配る。このようなクライエントには，別の意味ある活動にとり組むよう促す。

　熟達感や達成感を得られる活動は，時としてクライエントを不安にさせることがある。例えば，クライエントが遅延しているプロジェクトを完了しようと計画する。その活動自体から報酬を得られないかもしれない一方で，クライエントはそれを終えたら達成感を得られると判断している。このような活動は重要であり，誇り，レジリエンス，喜びのようなポジティブ感情を生み出す。ク

ライエントには，体験する不安よりも，達成感や熟達感に目を向ける大切さを
伝える。

## 瞬間をあじわう

　最初の1週間でポジティブな活動を実践した後に，ポジティブ感情と最も強
く関係した活動を取り上げて，記憶の特定性訓練を用いて**瞬間をあじわう**スキ
ルを教える。**瞬間をあじわう**訓練では，一人称視点と現在形を用いて，特定の
感覚・思考・感情・状況の詳細を含めて，その活動を視覚化する。要するに，セ
ラピストはクライエントに前週にとり組んだ活動で体験したポジティブ感情を
現在形で思い返して語る（recount）よう求める[*4]。この訓練は，報酬をあじわう
ことを強化し，ポジティブ体験を軽んじる傾向や，過度にあいまい化した記憶[*5]
を改善するよう考案されている。厳密に言うと，うつ状態にあるクライエント
は，1つの出来事や1日の中で起こった特定の記憶を引き出すことが難しい傾
向にある。このような精緻さがないと，活動についてのポジティブ記憶が損な
われる。その他に，記憶の欠損として，ポジティブな心的イメージが乏しいこ
とが挙げられる。例えば，過去の状況を台本のように描写することは問題ない
が，感情や感覚などの感情属性（例えば，森がどんな匂いだったか，子どもが
笑っているのを見てどう感じたか）を言い表すことが難しい。また，うつ状態
にあるクライエントは一人称視点よりも三人称視点に偏っているため，ポジティ
ブ感情が低い。最後に，うつ状態にあるクライエントは，ポジティブ記憶に価
値を置くことが難しい。ポジティブな活動にとり組めても，同時にその体験を
軽んじてしまえば気分は改善しない。したがって，そのような活動についての
記憶を能動的に思い返して語り（recount），その価値を高めることが不可欠で

---

　＊4　心理療法における記憶を処理する技法では，視覚化（visualization）が重視される。視覚化は，
　　　記憶されている当時の光景や情況を一人称でありありとビジュアルとして思い描くようにする
　　　ことを指す。このような視覚化した想起によってその情況における身体感覚や感情，それに連
　　　合したイメージや知覚など五感全体での体験がより豊かになる。そうした視覚化された体験は，
　　　現在進行形で，一人称で，声を発して語ることで，現在における文脈の中で，よりありありと
　　　体験される。recountとは，そのような行為を指す。
　＊5　overly general memory は 概括化記憶とも訳されることがある。

74

ある。また，**瞬間をあじわう**では，クライエントの注意を体験のポジティブな側面に向けることから，ポジティブ注意訓練（positive attention training）としても機能する。

　**瞬間をあじわう**エクササイズでは，ポジティブな活動を1つ選び，現在形で，その瞬間瞬間を詳細に，最もポジティブな瞬間にしっかりと注意を向けながら，視覚化して（できれば目を閉じて）語る。自分の周りの環境，感じた気持ち，身体感覚，行動，思考も思い描き，視覚化するように促す。このように導かれながらエクササイズをくり返し行うことで，クライエントは自分の体験のポジティブな側面をより深くあじわえるようになる。もしクライエントの注意が体験のネガティブな側面に移ったら，セラピストはクライエントの注意をポジティブな側面へとそっと戻すよう促す。そうすることで，クライエントは自分の注意をコントロールでき，状況のある側面から別の側面に注意をシフトさせることも学ぶ。注意コントロールが感情調整で有効な手段であることは，研究によって確認されている（Gross, 1998）。

　「ポジティブな活動の計画」用紙から，1つの出来事をとり上げてもらう。これはポジティブ感情の評定が大幅に向上した活動でもよい（例えば，4点から8点に）。また，ポジティブ感情を感じることが難しかった活動でも問題はない（感情の評定に変化がないか，あるいは低下している）。次に，クライエントにエクササイズ5.6「瞬間をあじわう」（ワークブックと本書の巻末の付録に掲載されている）の場面を描写してもらい，今この瞬間の感情について0点（最低）から10点（最高）の数値で評定してもらう。まずクライエントにその場面を描写してもらうと，セラピストは全体像が把握できる点で役に立つ。その後，この情報を用いて，より関連する細部へクライエントを「早送り」（fast forward）させて導くことができる。例えば，ビーチ旅行について語るとき，クライエントはビーチへ向かうドライブ中の交通状況などの無関係な細部に焦点を当てて語るかもしれない。全体像を事前に把握しておけば，ビーチに初めて到着したときに，クライエントがポジティブな感情や感覚を多く得たことを知っているため，この部分に「早送り」するように促すことができる。

　全体像の把握とそのときの感情の評定を終えた後，クライエントは，ポジティブ感情が最も強くなった出来事の部分に焦点を当てながら，その活動を思い返

して語る。ポジティブ感情の上昇がみられなかったクライエントには，その出来事を最初から最後まで語るよう指示する。「どのようなポジティブ感情に気づきますか？」や「それを身体のどこで感じますか？」などの質問を用いることで，クライエントが認識していないポジティブな感情や感覚に気づくのを助ける。

　セッションでは，クライエントはその場面を現在形で視覚化する。語る間は目を閉じるほうがよいだろう。目を閉じたくない場合は，セラピストを見るよりも，視界をぼんやりさせて，気が散る刺激を減らすようにする。大事なのは，その場で気をそらせるような環境刺激を減らすことにある。今この瞬間にとどまり，語っている感情，感覚，思考を体験しやすくなるよう，その場で最もやりやすい形で実施する。クライエントが過去形で語ったり別の話題に移ったりするのに気づいたら，視覚化し，現在形で，一人称で語るよう促す。

　また，クライエントの話し方が速いように感じられる場合，その瞬間と体験を認め受け入れるために，ペースをゆっくりするように導く。クライエントの語りをいったん止めて，体験している身体感覚や感情を受け入れるよう求めることが，ポジティブ感情の体験を深めるのに役立つ。クライエントが視覚化する際に，観察可能な手がかり（例えば，笑顔）から感情に気づけるよう導きながら，彼らが感じている気持ちを表現するよう促すこともできる。視覚化する時間は通常5〜10分であるが，それより長くても短くても問題はない。また，同じエクササイズをくり返すこともできる。ただし，ポジティブ感情への慣れを最小限にするために，同じ活動を頻繁にくり返すことは控える。思い返して語った後，**瞬間をあじわう**ことの効果を評価するために，再び感情を評定してもらう。初めてこのエクササイズを導入するときは，質問を多くしたり，途中で説明を挟んだりしても構わない。しかし，**瞬間をあじわう**練習をくり返してとり組み方を理解できて以降は，クライエントがイメージに集中できるように，セラピストによる質問や中断は最小限に控える。

　イメージ訓練（例えば，イメージエクスポージャー）に不慣れなセラピストもいるだろうが，クライエントがポジティブ感情，身体感覚，思考を伴う活動を鮮明に思い返して語っていることを重視してほしい。そのために目を閉じ，視界をぼんやりさせ，一人称で話すよう促す。さらに，体験を深めるために，特定の身体感覚やポジティブ感情について描写するよう促す必要もあるかもしれ

ない。その際には控えめに柔らかい口調で話し，イメージしながら語ることから気をそらさないようにする。イメージしながら語ることが難しいクライエントもおり，セラピストがより積極的に促す必要がある場合もある（事例#1を参照）。

## 事例

### 事例　#1

この例では，初めてイメージしながら語るときの例を示している。クライエントを導くために，セラピストは第一人称の視点に立つ手本を示している。さらに，セラピストはクライエントを何度もいったん止めながら，喜びの感覚を受け入れるように指示している。

> T：前にお話しした通り，瞬間をあじわう目的は，活動を行っている最中のポジティブ感情や身体感覚，思考のわずかな変化に気づくことを訓練して，その体験を深めることです。では，友人と一緒にビーチに行った出来事を思い返して語ってもらいましょう。最初に到着したとき，気分が最も高まった瞬間だったとおっしゃいましたね？
> C：その通りです。
> T：いいですね。そこからはじめて，感じていることや考えていることを詳しく教えてください。時々，状況のポジティブな側面に焦点を当てるために質問します。では，そっと目を閉じて，最初にビーチに着いたときのことを話しはじめてください。
> C：えっと，最近あまり外出していなかったので，友人に何も面白い話ができないのではないかと不安でした……。
> T：（優しく）最初に到着したとき，何か楽しいことやポジティブなことに気づきましたか？
> C：ええ，太陽がとても気持ちよかったです。
> T：身体に何か感じましたか？
> C：温かさを感じました。

77

モジュール2　PATのスキルセット

T：太陽の温かさを感じています……。

C：太陽の温かさと，砂浜に足を踏み入れたときの砂の温かさを感じています。海辺の近くに荷物を置きます。

T：（優しく）今，何が見えますか？

C：エメラルドグリーンの海です。ここにいると気持ちがいいです。

T：そして，どんな感情を感じますか？

C：リラックスしています。

T：太陽と砂の温かさを感じ，エメラルドグリーンの海を眺め，リラックスしています。次に何が起こりますか？

C：友人と静かに話しはじめます。彼女は私に会えてうれしいと言っています。彼女が私に会いたいと思っていたことに気づきました。

T：（優しく）彼女がそう言ったとき，何を感じますか？

C：わからない。うれしいかな。少し悲しい気もする。

T：幸せな感情は身体のどこで感じていますか？

C：肩に。軽くなる感じ。

T：ここでいったん止めて，その感覚をそのまま受け入れましょう。この部屋で実際に感じてみてください。（15秒間ポーズ）では，何が気づくことがありますか？


## トラブルシューティング

　クライエントの中には，**瞬間をあじわう**とは何か，それがどう報酬学習の改善につながるのかを理解するのが難しい人がいる。その場合，ワークブックにある説明を用いるとよい。


　**なぜ瞬間をあじわうが大切なのでしょうか？**　報酬体験をあじわうことで，その活動や出来事をしっかりと認めて，これまで見過ごしたり否定していたかもしれない，その活動のポジティブな側面や感情についての体験を深めます。その記憶について思い返して語るときに，その活動の最もポジティブな側面に焦点を当てることで，そのポジティブな側面を再体験し，活動と感情の関係をしっ

かりと学ぶことができます。この学習によって，ネガティブ体験よりもポジティブ体験に興味がわき，このむようになります。そして，ポジティブ感情やポジティブな活動の積極的なとり組みがゆくゆく増えていきます。

　過去の出来事を反芻したり，将来のことを心配したりすると，集中し続けることが特に難しくなる。こうしたことから，クライエントは今この瞬間にとどまるエクササイズにとり組むことが難しい。瞑想やヨガで集中し続けるのが難しいのと同様に，これは多くの人に共通した悩みであるとクライエントに伝える。瞑想やヨガの練習と同じように，このスキルも多くの練習が必要で，最初は気が散ったり，少しイライラしたりすることを知っておいてもらう。思い返して語っている最中の注意を高めるために，そのポジティブ体験に対する行動的，感情的，認知的反応に焦点を当てるようクライエントに伝える。クライエントには，自分が体験していることと，どのようにしてポジティブ感情を感じているかを具体的に説明してもらう。

　クライエントがエクササイズを急いで行ったり，過去形で第三者的に語ることもある。これは，ポジティブ感情の可能性に身を委ねるのを拒んだり，軽視したりする傾向の表れかもしれない。この場合，クライエントには語りのプロセスをゆっくり進めてもらい，その瞬間と体験をじっくり認めていくよう伝える。自分の感情に気づくように，観察可能なサイン（笑顔などの）を使って，視覚化しながら感じていることを表現するように促すこともできる。

　ポジティブなボディランゲージ（例えば，微笑み，腕を組まない，手を広げるなど）は，その瞬間にとどまる能力をさらに高め，体験しているポジティブ感情を最大限に引き出すことができる。特に感情が平板化しているクライエントの場合，まず感情が乏しい状態で自分の活動について話す様子を見てもらう（鏡や携帯電話で録画する）。次に，同じ活動について感情豊かな状態で話す様子を見てもらう（例えば，目を大きく開いている，微笑んでいる）。それから，その身体を動かすという行動が気分にどう影響するかについて話し合って再確認することが役に立つ。

　感情に注目しながら思い返して語るエクササイズで，報酬感受性を確実に高めるためにはどうすればよいか？　最もよい指標は感情の評定である。**瞬間を**

モジュール2　PAT のスキルセット

**あじわう**ことで，ポジティブ感情は高まったか？　もう1つの指標は，クライエントが自分の体験を語るときに現在形を用いているかである。これは，クライエントがその瞬間にとどまることができたことを示す指標である。どれだけ状況を詳しく説明しているか，ポジティブな言葉をどれだけ使っているかも，よいサインとなる。クライエントがポジティブ感情を再体験することで，その感情をより鮮明に，強固に記憶することができる。

# 第6章

───── ワークブック第6章に対応

## ポジティブに目を向ける

準備するもの
目標
ワークブック第6章の要点
鍵となる概念
ポジティブに目を向ける重要性
銀の光を見つける
　　ホームワーク
　事例
　　トラブルシューティング
自分のものにする
　　ホームワーク
　事例
　　トラブルシューティング
ポジティブを思い描く
　　ホームワーク
　事例
　　トラブルシューティング

## 準備するもの

- エクササイズ6.1「銀の光を見つける」(ワークブックにエクササイズが含まれている。また，本書の巻末の付録にもある)
- エクササイズ6.2「自分のものにする」
- エクササイズ6.3「ポジティブを思い描く」
- ポジティブを思い浮かべるための視覚化スクリプトと音声(スクリプトはワークブックの第6章と本書103〜104ページにある。音声ファイルはTreatments

*81*

モジュール 2　PAT のスキルセット

*That Work*<sup>TM</sup>のウェブサイト（www.oxfordclinicalpsych.com/PAT）にアクセスして使うことができる）。[*1]

## 目標

- 前回のセッションの内容をふり返って，質問に答える。
- ポジティブに目を向ける大切さを伝える。
- **銀の光を見つける**を紹介して，セッション内で練習し，ホームワークとして練習してもらう。
- **自分のものにする**を紹介して，セッション内で練習し，ホームワークとして練習してもらう。
- **ポジティブを思い描く**を紹介して，セッション内で練習し，ホームワークとして練習してもらう。

## ワークブック第 6 章の要点

- アンヘドニア状態にある人は，(a) さまざまな状況でポジティブな側面に気づくこと，(b) ポジティブな結果を自分のものとすること，(c) 出来事についてポジティブな結果を想像すること，が困難である。
- **銀の光を見つける**スキルは，さまざまな状況のポジティブな側面に目を向ける訓練に役立つ。
- **自分のものにする**スキルは，ポジティブな結果に対する自らの貢献を認識することに役立つ。
- **ポジティブを思い描く**スキルは，起こりうるポジティブな結果を想像する能力を高める。
- これらの練習は，ポジティブ感情を増やすために導入する。

---

＊1　2024 年 12 月時点ではアクセス不可となっている。

第6章　ポジティブに目を向ける

## 鍵となる概念

　本章で鍵となる概念は，ポジティブな刺激に注意を向けること，ポジティブ
な行動を認識し強化すること，未来のポジティブな心的イメージ（prospective
positive mental imagery）を改善すること，という新しいスキルを導入するこ
とである。これらのスキルを導入するために，少なくとも3セッションを要する。
　クライエントにとっての目標は，以下の通りである。
- さまざまな状況においてポジティブな刺激に気づく能力を高める。
- ポジティブな結果をもたらした行動を認識して，それを自分のものにする能
  力を高める。
- 出来事に対してポジティブな結果を思い描く能力を高める。

## ポジティブに目を向ける重要性

　本章の目標は，ポジティブな経験に注意を向けることを学ぶことである。こ
のスキルは，以下のように報酬予期の欠損を扱う。

1. ポジティブなことに気づいてもらうようにする（すなわち，ポジティブな
   ことに持続的に注意を向けてもらう）。それは，将来のポジティブな結果を
   予期し目を向けることに役立つ（もとめる／wanting）。
2. ポジティブを吟味し，あじわって（刺激をよりポジティブに評価して）も
   らう（あじわう／liking）。
3. 自分の行動をポジティブに帰属することを学んでもらうよう促す（まなぶ
   ／learning）。

　本章の主な目標は，（典型的な認知再構成のように）ネガティブな評価を減じ
させようとするのではなく，さまざまな状況のポジティブな特徴に注意を向け
てもらうことである。感情がよりポジティブになったり，ネガティブな刺激よ
りポジティブな刺激に注意を向けるようになったりすることで，結果としてさ

*83*

まざまな経験におけるポジティブな面にさらに注意を向けられるようになる。これらが相まって，さまざまな状況をよりポジティブに評価するようになる。例えば，**自分のものにする**スキルは，クライエントに「自身の行動がポジティブな結果にどのように寄与したか」を認識することを促す。

　注意を標的にする理由は，うつやアンヘドニアが，ポジティブな刺激に対する持続的な注意（すなわち，ポジティブに気づくこと）のせばまりと関連しているという証拠があるからである。臨床的には，ポジティブな経験を否定すること，ネガティブな経験に過度に注意を向けること，反芻思考に没頭しやすいこととして観察される。本章では，過去・現在・未来の経験におけるポジティブな特徴に対する持続的な注意を標的にする。

　過去と現在の経験に焦点を当てることは，すでに起こった状況，あるいは起こりつつある状況について再評価することや，ネガティブな特徴があったとしても出来事や状況のポジティブな特徴をどうにか見出し，認識することによって達成される。この**銀の光を見つける**スキルは，ポジティブへと行動するスキルの**瞬間をあじわう**で実施したワークの延長線上にあって，出来事のポジティブな特徴に焦点を当てる。

　同じように，**自分のものにする**スキルでは，過去や現在の状況について，些細なことから重大なものまで，ポジティブな結果が得られたかどうかを再検討し，クライエント自身がそのポジティブな結果にどう貢献したかを明らかにする。

　**ポジティブを思い描く**スキルは，将来の出来事や成功した結果をイメージすることを指す。このスキルの目標は，未来をポジティブにイメージする能力を高めることである。さらにこのスキルの目標はポジティブな結果が生じる確率を高めることではなく，そのような結果となることをイメージする能力を高めることである。

　セラピストは，ポジティブなことに目を向けることの難しさを尋ねたり，それがアンヘドニア状態にある人にどう影響するかを解説したりして，この章の内容を一通り説明する。人生の中でポジティブな出来事を無視する傾向が強まっていく人がいることを説明する。その傾向は，過去のポジティブな経験を思い出さなくなったり，将来のポジティブな出来事を予期しなくなったりして強まることもある。クライエントに「自分がポジティブ出来事を無視しているこ

とに気づいているか」を尋ね，そのことに気づいていれば，それをどう思うかを尋ねる。同じように，ポジティブな出来事が起きているときにそれを認識したり吟味したりすることが難しい人がいることを説明する。そのような人は，「自分にはよいことは起きない」と自分に言い聞かせたり，褒められるといったポジティブなことが起きてもそれを「本心ではない」，「現実ではない」と否定したりすることがよくある。ここでもまた，自分に当てはまるかを尋ね，そうである場合は，そうしているとどのように感じるようになるかを尋ねる。同じように，クライエント自身をふり返ってもらう質問を通して，ポジティブな出来事に気づけてもそれをしっかりとあじわって体験するのが難しい人がいることを説明する。例えば，自分が昇進したことを認識しても，それに喜びを感じない人がいる。ポジティブなことを自分のものとしなかったり，よいことが起きても自分のものとして認めない人もいる。

　これらのバイアスが気分に与える影響を話し合うこともできる。これは，「ポジティブに目を向ける」のスキルセットの根拠となっている。

## 銀の光を見つける

　**銀の光を見つける**スキルを紹介するときに，「どんな雲にも銀の裏地がある（every cloud has a silver lining）」という有名な諺の意味をクライエントに尋ねる。この諺は，どんな状況にもプラスの面があることを意味している。[*2] しかし，うつや不安，その他のネガティブな感情状態では，ポジティブな面に目が向かず，その代わりにネガティブな面に注目しがちになる。このスキルの目標は，**ネガティブな部分がある経験**だったとしても，ポジティブな面に注意を移すことである。言い換えれば，どんな状況でも，大なり小なりポジティブな面を探すことを目標にする。例えば，（1）友人と口論したがよい結末を迎えた，（2）職場での業績評価に自分の弱点と改善のヒントを見つけた，（3）社交的なイベントで不安を感じたがその場を離れずにとどまった，などである。

---

＊2　もともとはジョン・ミルトンの1634年の著作にある表現が，1840年代に再度使用されて有名になった諺のようである。日本語の諺として「苦しいときは上り坂」，「怪我の功名」，「禍福は糾える縄のごとし」など，本人にとってわかりやすい例を伝えてもよいだろう。

**銀の光を見つける**ことは，感情によい影響を与え，将来，よりポジティブなことに目を向けられる可能性を高める。ここでクライエントに，銀の光に注目することが「馬鹿げている」，「楽観的すぎる」ようにみえるだろうことを伝えて，覚えておいてもらう。どんな新しいスキルでも最初は奇妙に思えるかもしれないが，練習を重ねるうちに慣れ親しみ，第二の本性にさえなっていく。この章の一部で，ポジティブなことに目を向けるスキルを身につけるために，普段よりも多くの「銀の光」を意図的に探すことになることを伝えて，覚えておいてもらう。大切なのは，「どんなスキルでも，長期的に身につけるためには，最初はより集中し，高頻度で練習しなければならない」ことである。スキルを習得する段階では，**銀の光を見つける**ことにできる限り注力する。

クライエントに，歯磨きという単純なことから「銀の光」を見つけてもらう練習をはじめてもよい（例えば，歯が健康な状態となった，虫歯になりにくくなった，息が臭くなくなった，他の人と一緒に過ごしやすくなった，歯医者に行く回数が減った，根管治療にかかるお金が節約できた，食事をおいしくあじわえるようになった，食べかすがなくなった，など）。あるいは，より複雑な例を示すこともできる。例えば，クライエントが提出した書類を上司が確認したとする。返却された書類は赤字の修正だらけで，修正案を検討するために丸1時間が費やされた。この出来事でプラスになることは何だろうか？　クライエントは，書類の修正方法を理解することができたし，上司は丸一時間かけて，クライエントに修正方法をフィードバックしたことになる。クライエントは上司のやり方を理解し，上司はクライエントが批判に応えられることを理解した。これによって，これからの指導が改善されるかもしれない。

クライエントがこのスキルをよく理解していることがわかったら，最近クライエントに起こった出来事を選んでもらう。その出来事は（ポジティブでも，ネガティブでもない）ニュートラルなものか，（トラウマになるほどではなく）ネガティブであるものにする。クライエントには，エクササイズ 6.1（銀の光を見つける）を見ながら，その出来事のポジティブな特徴について考えてもらう。このエクササイズは，ワークブックと本書の巻末の付録にもある。

まず，クライエントに今の感情を評価してもらう（0 が「最低」，10 が「最高」の尺度）。次に，クライエントと一緒に少なくとも 6 つのポジティブなこ

とを見つける。これには時間がかかるが，学習プロセスの一部として捉える。このスキルでとり組むことの1つは，「ポジティブな側面を見つけることが難しい」とあきらめてしまう傾向である。銀の光を見出した後，クライエントは自分の感情を再評価して，ポジティブ感情を言葉にする。そうすることで，報酬学習が強化される（つまり，クライエントは過去の状況のポジティブな側面を認める努力をすることで，よりポジティブ感情を感じるようになる）。

　練習することで，スキルを使うことがより容易に，自動的に，楽しくなること，そして，何度も練習することでようやく感情の長期的な変化がみられるようになることを伝えて，覚えておいてもらう。練習をしたものの，「このエクササイズはイヤです」，「気分がよくなりませんでした」という答えが返ってきたら，その経験を認めるとともに，書いたことの意味に目を向けられているかを尋ねる。例えば，「私は生きている」とか「避難場所がある」というのが「銀の光」であったら，それはクライエントにとってどのような意味をもつだろうか？より深い意味を見つけることを促すことで，このエクササイズはより効果的になる。また，もしそのような銀の光がなかったらどう感じるか，比較してもらうこともできる。

## ホームワーク

　ホームワークとしてクライエントに毎日，**銀の光を見つける**練習をするように伝える。深刻な状況（例：通院した），よくあること（例：歯を磨いた），意味のあること（例：子どもが「ママ」と言った）など，ポジティブまたはニュートラルな状況からはじめる。しかし，最終的には，よりネガティブな状況について練習していく。

## 事例

### 事例　#1

　この事例では，クライエントは**銀の光を見つける**練習に反応して，「こんなことをして何の意味があるんだ？　あの状況には，ポジティブなことは何にもな

モジュール2　PATのスキルセット

かった」と考え，それをセラピストと共有している。

C：ホームワークで，先週同僚と口論になったことについて，銀の光を見つけよう
　　としたんですが，こんなことをする意味が本当にわかりません。あの状況には，
　　ポジティブなことは何にもなかった。

T：同僚と口論になったことにイライラしたことはよくわかります。また，ネガ
　　ティブな気分のときには，銀の光を見つける実践が特に難しいことも知ってい
　　ます。

C：ええ，まだそのことで頭がいっぱいです。今，そのことを話すと，確実に落ち
　　込んでしまうでしょう。

T：そうですよね。ただ，銀の光を見つけるスキルは，練習すればするほどうまく
　　なっていきます。進化していく中で，人の脳は状況のネガティブな側面に注意
　　を向けるようになっていったという話をしたかと思います。気分が落ち込んだ
　　り，銀の光を見つけることが難しくなったとき，それは，練習を続けたり，増
　　やす必要があるという大切なシグナルになるんです。

C：それはわかっています。私はネガティブなことに目を向けがちなので，ポジ
　　ティブなことを見つける練習をしたいんです。でも，口論のような不愉快なこ
　　とからポジティブなことを見つけるのは難しいんです。

T：ネガティブな状況の中に銀の光を見つけるのは難しいことですが，それは練習
　　する最良の機会でもあります。口論以外の別の不快な行動の銀の光を見つける
　　のはどうでしょうか？　あるいは，もっとニュートラルなもの，普段ポジティ
　　ブな側面があるとは考えないようなものに焦点を当ててみるのはどうでしょう
　　か？　歯磨きとかはどうでしょうか？

C：ええ……そうですね。あまり興味はそそられませんが，やってみましょうか
　　……。思いつくポジティブなことといえば，歯を磨くと口が臭くなくなること
　　ですかね。長い目で考えれば歯の健康にもよいでしょうし。あとは……子ども
　　たちの，よい衛生習慣の見本にもなると思います。子どもたちには，いつも歯
　　磨きをさせようと頑張っているので。

T：どれもすばらしい銀の光ですね！　歯磨きのような日常の活動から，いくつも
　　の銀の光を見出したというのは，本当に興味深いです。歯磨きそのものは必ず

しも楽しいものではありませんが，ポジティブな，あるいは意味のある結果を見つけることができますね。

C：あぁ，そのように認めてもらえるとうれしいですね。仕事での口論についても，どのように銀の光を見つけるのか，わかった気がします。例えば，同僚に自分の不満を伝えるのは，私にとって重要なことでした。これ以上，自分の気持ちを抑えたくなかったんです。そのせいで，職場でみじめな思いをしてきたので。

T：そのような胸のつかえがとれたことや，同僚に打ち明けられたことは銀の光のように聞こえます。

C：ええ，そうですね。自分から声を上げたことが重要でしたね。いつもはそんなことはしませんし，誰かに優しくされないと，水に流してしまいます。そう考えると，たとえイヤであっても，意見を主張したことはよかったと思います。

T：よいワークができましたね！ 口論についてもう少し銀の光を探してみましょう。

## 事例 #2

　このクライエントは，ポジティブなことに焦点を当てると「セラピストが自分の人生の莫大な困難について過小評価するのではないか，わかってくれないのではないか」と懸念している。

C：人生に銀の光を見つけてほしいというのはわかりますが，今はポジティブなことに目を向けるのが本当に難しいんです。実際，孤独を感じてきましたし，世界的なパンデミックの最中，断絶された状態で１日を過ごすのは難しいんです。孤独感に対処しなければ，さらに悪化して，今よりもっと落ち込むような気がします。

T：そうですね，孤独感があなたを苦しめているのはわかりますし，ここ最近，人とのつながりを感じることがとても難しかったのもわかります。最近，どれほどつらいことがあったのかとか，つながりの大切さについてないがしろにしたいわけではありません。ただ，一緒に行っているワークの本質をもう一度確認する時間をとって，なぜ私たちがこの段階でポジティブな考えに重きを置いているのかについて，同じ考えをもてるようにしたいのです。

C：なるほど，そうしてもらえると助かります。直面している現実の課題を無視し

モジュール2　PATのスキルセット

ているようで，本当に気分が悪いので。

T： そうであれば，このことについて話す時間を作ってくれたことを本当にうれし
く思います。PATの焦点をポジティブなことに移す理由の1つは，結果を変え
られない状況に陥ることがあるためです。例えば，PATの初期の段階で社会的
な活動をはじめましたが，パンデミックのせいでできることは限られていまし
たよね。この事実を考えると，すでに存在しているポジティブなものを認める
ことが重要で，それで視点が変わり，感じ方が変わるようになります。これら
のスキルのすべてが，人生で直面する可能性がある困難な課題を解決するわけ
ではありません。むしろ，ネガティブな感情や困難な経験が避けられないとき
に，うまく切り抜けるのに役立つものだと考えています。

C： なるほど。困難を掻き消すような銀の光を期待しているのではなく，むしろそ
の困難に対処する手助けになるのですね。

T： そうです。実際，銀の光を見つけるスキルで，自分が思っていたよりも社会的
なつながりがあることに気づいたり，孤独感を減らせたりするかもしれません。
それでも，落ち込みの大きな原因となっているつらい経験を認めることは重要
です。そして，今あなたが強調されたことも真実です。銀の光を見つけるスキ
ルは，直面している状況についてほんのわずかなポジティブな面を見つける手
助けをするものです。ネガティブな面を無視したり，それを小さくするのでは
なく，よりポジティブな思考を生み出し，その結果，よりポジティブな感情に
つながることを期待するものです。

C： それは助かります。よくわかりました。

T： よいですね。銀の光を見つけるスキルを練習することは長期的には役に立つこと
も理解していただきたいです。私たちの脳は，状況のネガティブな面を見つけ，
それに注意を向けやすいのです。ポジティブな考えというのは，時間をかけて鍛
えていく筋肉みたいなものです。そのための唯一の方法は，くり返し意図的に練
習することです。ポジティブな面に目を向けるよう脳を鍛えれば，将来，困難な
状況に陥ったときに，よりバランスのとれた考えができるようになります。

C： これは覚えておかないといけないですね。ポジティブな考えは，今はぎこちな
くて難しいけれど，将来的に報われ，やがて自然に感じられるようになる，と
いうことですね。

第6章　ポジティブに目を向ける

**事例　#3**

　この事例では，クライエントはある状況をうまく回避したことを銀の光の例として捉えているが，セラピストはその回避を不適応的なものと捉えている。

T：それでは，この1週間のちょっとした困難な経験やネガティブな経験に対して，銀の光を見つける練習をしてみましょう。

C：わかりました。それでは，Zoomで行った友人の誕生日パーティーについて考えてみます。私の社交不安はパーティーの前まですごく高まって，パーティー中もかなり大変でした。

T：なるほど。Zoomの誕生日パーティーをふり返ってみて，何か銀の光はありますか？　置かれた状況で，何かポジティブな面は見つかりましたか？

C：ええ……そうですね，パーティーの間，不安は下がっていきました。身支度を整えていて遅刻したので，はじめの気まずい世間話に付き合わずに済みました。また，パーティーの間はほとんど無言で，あまりしゃべりませんでした。そう，このように不安を低く抑える方法を見つけられたことは，銀の光と言えると思います。

T：無言でいることも，身支度を整えて遅刻することも，短期的には役に立ったようですね。しかし，銀の光を見つけるスキルがあれば，不快感や不安を感じたとしても，その場で起きた銀の光に注意を向けることができます。

C：不安に集中してろってことですか？

T：そうではありません。その出来事に至るまでのことや，その出来事の最中，不安を感じたとしても，その状況でのポジティブな面に焦点を当てることができるかを知りたいのです。このスキルは，私たちが普段見落としたり，認識できないような状況のポジティブな面を見つけられるように脳を訓練することです。例えば，まず，パーティに参加したことは，銀の光のように聴こえますね！以前，不安を感じているとおっしゃっていましたが，遅刻したにもかかわらず，パーティーに参加することができました。それは銀の光のように感じますか？

C：そうですね。参加したという事実は，間違いなくポジティブなことだと思います。これまで"ドタキャン"したり，すっぽかしたりすることがよくありました。自分を奮い立たせて参加できたのは，間違いなく銀の光です。

*91*

モジュール2　PATのスキルセット

T：それはすばらしいですね。他に思いつく銀の光はありますか？

C：そうですね……まあ，2つめの銀の光は友人との約束を守ったことですね。Zoom
　　パーティーに参加しますと返事をして，それを実行しました。Zoomにつない
　　でいるときはあまり話さなかったけど，参加したことは友人にとって大きな意
　　味があったと思います。

T：その通りですね。すばらしいことです。その経験から学んだことの中に何かプ
　　ラスになったことはありますか？　あるいは，その経験の中に今後に役立つよ
　　うなことはありますか？

C：ちょっと考えさせてくださいね……あのー，たとえ不安を感じていても早めに
　　退出せずに乗り切れることを学んだと思います。たしかに，私はミュートにし
　　て，ほとんど発言しませんでしたが，私は乗り切ったんです。不安に殺される
　　ようなことはありませんでした。次に，Zoomで集まるときには，もっと自信
　　をもって参加できると思います。

T：それはすばらしいことですね。たしかに，2つの銀の光があるように聴こえま
　　した。あなたはこの経験から，不安を感じてもそれを乗り越えることができる
　　ということを学んだんですね。

C：その通りです！　解き明かすべき銀の光がまだまだありそうですね。

## トラブルシューティング

　**銀の光を見つける**実践で生じる最もよくみられる問題の1つは，「意味がな
い」と受け取られることである。クライエントからすれば，このスキルでは直
面している"本当の"問題にとり組んでいない感じがするからである。クライ
エントは普段，苦痛がピークに達したところで助けを求める。クライエントは
ネガティブな感情体験やその周辺の出来事に焦点を当てていて，それらを理解
するか，修正することを強く望んでいる。PATにおいてセラピストは，クライ
エントの苦痛や望まない生活状況を切実な問題として認めつつも，ポジティブ
に目を向けることで気分を改善するスタンスとのバランスをとるように接して
いく。ポジティブに目を向けることで，ネガティブ感情や，ネガティブな出来
事の生起やその影響が減り，ネガティブな感情や出来事に対応できる「感情の

立ち位置」に身を置けるようになる。PATはネガティブ感情に引っ張られてしまう傾向に標的を当てており，ネガティブな感情からポジティブな感情に注意を移す方法を学ぶ大切さを強調する機会となる。

クライエントがネガティブな経験を話したいのにもかかわらず，セラピストが絶えず注意をポジティブなことに向け直すためにフラストレーションがたまる可能性があることを伝えてもよい。ネガティブな出来事に非常に強く引っ張られることが，PATの標的である。ネガティブな出来事が引っ張る力，ネガティブな出来事にとどまることのネガティブな影響，注意を切り替えることによる感情調整の価値を確認するようにする。ネガティブ感情やネガティブな出来事はたしかに人生の中で重要であることを認めつつも，ネガティブ感情を直接標的にすることが安心につながる唯一の（あるいは最良の）方法ではないことも伝える。PATではポジティブな力を築くことでネガティブな感情や出来事を弱め，対応可能なものとしていく。

ネガティブな経験を無視することを奇妙に感じたり，なじみがない感じがしたり，実際にリスクもあることを認めつつも，ネガティブな出来事の最中でも，ポジティブに注意を向け直す力を評定する実験を勧める。ポジティブに目を向けることのメリットは，クライエントがこのスキルにどれだけとり組むかにもよる。なぜなら，ネガティブに注意を向けようとする引力が，絶えずクライエントを引っ張ろうとするからである。このような場合，訓練という考え方が役に立つ。「ネガティブの筋肉」よりも「ポジティブの筋肉」を強くする訓練である。クライエントがこうした考えを理解しているにもかかわらず，どうしてもネガティブに焦点を当て続けてしまう場合もある。それ自体はいかんともしがたいものとして認めつつも，治療原理を思い出してもらうようにする。

クライエントが，状況のポジティブな特徴を1つも見つけられないと言うこともある。この場合，特にネガティブな感情状態ではポジティブな特徴を見出すことが難しいことを認めつつ，このスキルを養うのがPATのアプローチであることを強調する。ポジティブな特徴を見つけることが難しいという実体験は，まさにこのアプローチが適している証拠であると再び説明する。その後に，ハミガキ，爪切り，あくび，といった，面白くなかったり，ありふれた平凡な練習からはじめる。

クライエントの人生の中には，**銀の光を見つける**スキルが適切でない出来事もいくつかあるだろう。トラウマティックな出来事について話すことは，適切ではない激しい感情を引き起こす可能性があり，この注意スキルで扱える範囲を超えている。トラウマ後の意味や成長を見出す人もいるが，それにはトラウマに焦点を当てた治療とより包括的な作業を伴う。したがって，トラウマティックな経験に**銀の光を見つける**スキルを適用することは推奨されない。少なくとも，トラウマに関する持続エクスポージャー療法や認知処理療法が事前に行われない限り，適用することは勧めない。

クライエントがパニックや不安，または圧倒されるような苦痛が生じる状況を回避している場合にも問題になることがある。この場合は，回避がよいことだと考えないように注意して導き，その状況について他のポジティブな特徴を見つけることを試みる（例えば，クライエントは不安を感じながらもその状況に身を置き，次回に別の方法をとることを学んだ）。

最後に，クライエントによってはポジティブに目を向けることに支障がない人もいる。そのような場合は，この章を読み飛ばすこともできるが，そうでなければ，この章を続けることを勧めたい。

## 自分のものにする

**自分のものにする**（*taking ownership*）スキルは，ポジティブな結果に対して自分が貢献したことをそのままに自分のものとして認識するスキルである。このスキルは報酬学習，つまり自身の行動によって報酬が得られることに気づけるようになることを標的にしている。うつとアンヘドニアは，ネガティブな結果は自分に，ポジティブな結果は他者や状況に帰属するという偏った帰属スタイルと関連しており，だからこそポジティブな結果を「自分のものにすること」がスキルとして必要となる。ポジティブな結果の自己帰属が減ると，報酬学習（すなわち，「この行動をすれば，ポジティブな結果が得られやすい」という学習）が制限されるだけでなく，将来，報酬につながる行動をする動機づけも下がる。

はじめに，自らの行動がよい結果をもたらすことを自覚するのはそもそも難

しいことを説明する。例えば，ある状況や出来事がうまくいった場合，アンヘドニア状態にある人は自分の貢献よりもむしろ運によるものだと考えやすい。クライエントにそのようなことが当てはまるかどうか尋ねる。その後，この帰属の偏りがもたらす影響を話し合う。具体的には，実際にある行動が出来事をよりポジティブなものへと展開していたとしても，自らの行動がどう貢献したかを認識できないでいると，将来同じ行動をする可能性が減っていくことを説明する。過去の出来事や行動についての記憶こそが，将来の出来事の青写真になるからである。自分の行動がポジティブな出来事にどのように貢献したかがわかると，その行動は強化され，将来のポジティブな出来事を生み出すことにつながる。さらに，それはポジティブな結果につながる可能性がある他の行動を行う予期や動機づけにもつながる。自分の行動がポジティブな結果につながることを理解すると，コントロール感が生まれ，その方向に向かう行動が動機づけられる。日常生活の中で起きるポジティブな出来事について**自分のものとする**ことは，ポジティブな出来事に気づくことと同じくらい重要である。生活の中でポジティブな出来事を生み出していくには，まずもって自分が特定のポジティブなことに影響を与えられると信じられている必要がある。

　クライエントに最近あったポジティブな出来事（例えば，PATを受けた，友人と楽しい時間を過ごした，ボランティアに参加したなど）を挙げてもらい，その出来事に自分がどう貢献したかを尋ねる。時間がかかるかもしれないが，粘り強く，創意工夫を凝らして，クライエントが結果に貢献したと思うような，非常に些細なことまで見つけるのが大切である。次に，ポジティブな結果を**自分のものにして**，それについて「腰を据えてじっくりと考える」（あるいはふり返って，吟味する）よう促す。自分の貢献について書き出したり，鏡を見ながら声に出したりしてもよいだろう。ここでの目標は，報酬の経験を深めることである。クライエントが自分の貢献について話すときに，ポジティブな身体の動き（例：微笑む）をするように促してもよいだろう。[*3] 声に出して読んだ後は，静かに座って自分の貢献をふり返る。次に，感情を評定し直してもらい，感情

---

＊3　例えば，小さくガッツポーズをしてみたり，わざとバンザイをしてみたり，ちょっと楽しい雰囲気でセラピストと一緒にジェスチャーをしてみて，それをあじわったりふり返ることが役に立つ。

を言葉にすることで，感情的な体験を深め，報酬を学ぶ（「ポジティブな出来事への自分の貢献をふり返ることで，気分がよりポジティブになりました」など）。

## ホームワーク

ホームワークとして毎日，**自分のものにする**練習をして記録するように伝える。

## 事例

**事例 #1**

このクライエントは，「自分には価値がないからポジティブな結果を得たとしても褒められるものではないし，賞賛に値しない」と感じている。

T：先週あったポジティブな出来事について，自分がどのように貢献したかを見つける練習をしましょう。何かよかった出来事で，思いつくものはありますか？

C：昨夜，家族と楽しく夕食を食べたんですが，自分がどうしていたのかよくわからないんです。

T：そのことをお話しいただけますか？

C：先ほど話したように，近頃，仕事と子どもの世話ができていなくて，かなり落ち込んでいました。それどころか，物事がいつもうまくいかないことや，家の中が散らかっているのも，自分のせいだと思っています。

T：そうですね，確かに今は多くのことを抱えてらっしゃいますね。物事がうまくいかないとき，すべてを自分のせいにする。そういうことがありますか？

C：いつもですね。どんなこともうまくできない気がします。

T：うまくいったときはどうですか？　ポジティブなことでも「自分のせい」にしますか？

C：いいえ，もちろんそんなことはありません。ただ，褒められたものでもないと思うんです。

T：悪いことはすべて自分のせいで，よいことはまったく自分のおかげではないというのは，よくあることです。考えてみるとどうですか，それって実に不公平

なことですね！　このスキルの目的は，人生でポジティブな出来事に貢献した
ときに，それに気づくように脳を訓練することで，バランスをとることにあり
ます。最初は難しく感じるかもしれませんが，練習すれば簡単になっていきま
すし，自分自身についての感じ方も変わっていきます。

C：そのように言われると，確かにそのように考えるのは不釣り合いな感じがしま
すね。でも，どうしても自分には価値がないと感じてしまいますね。

T：試してみたいとは思いますか？　昨晩の素敵なディナーの話題に戻りましょう。
夕食を食べるために何をしましたか？　例えば，どんな献立を考えていまし
たか？

C：そうですね，子どもたちのために毎晩夕食を用意しないといけないので，パス
タを作ったんです。

T：すばらしいです！　そうすると，食事を作った，ということが１つの大きな貢
献ですね。どんな手順で作りましたか？　お湯は自分で沸かしたのでしょうか？

C：そうですね，買い物に行ったり，子どもたちがすきなパスタソースの材料を揃
えたり，サラダを作ったり。

T：夕食に貢献するためにしたことを３つも思いついたんですね。それに，とても
気が利いて，子どもが何を食べたいかまで予想していたことも，貢献したこと
の１つのように聴こえます。面倒見のよい母親であることや子どものこのみに
耳を傾けることが，素敵な夕食に貢献したと思いますか？　どうでしょう，もっ
と思いつくものはあるでしょうか？　もっと考えて，この筋肉をつけていきま
しょう。

C：そうですね。自分で思っている以上に，母親としてよいことをしているみたい
です。子どもたちが妹に会うのが大すきだから，妹も呼んだんです。みんなで
笑い合っていました。自分でも驚いています。私にとっては，何気ない夜のこ
とだと思っていましたが，こうやって細かく分析すると，昨夜のディナーの準
備のために行った小さなことが見えてきます。

T：その通りですね。これらに目をつむって，なかったことにしてしまいがちです。
しかし，実際にやられていたことは，家族のみんなによい影響を与えていたよ
うですね。ご自身がとっても大切にされているご家族に。

97

モジュール 2　PAT のスキルセット

## 事例　#2

この例において，クライエントは「自分のものにする」ことに抵抗があり，そうすることで批判されることを恐れている。

C： 自分がうまくできたことを話すのはすきじゃないです。このスキルが上達すると，傲慢になってしまうのではないですか？

T： その心配はよくわかります。もっとそのことを教えていただけますか。自分の貢献を認めることが傲慢である。それはどこで学んだのですか？

C： いつも家族の価値観の一部だったんです。両親は「人より優れている人間なんていない。自分の結果を自慢するのはうぬぼれだ」と教えていました。もしこんな話をしていることを知られたら，何か言われるでしょうね。

T：「過剰に他人に自慢すること」と「ポジティブな出来事に貢献したことに自分で気づくこと」の違いをはっきりさせることが大切です。その違いがわかりますか？

C： 必ずしも他の人に見せつけたり，他の人と比較することではない，という違いであることはわかっています，でも，自分がうまくいっていることに気づくことは何かに役立つのでしょうか？

T： よい質問ですね！　気分が落ち込んでいる人は，よいことが起きても自分がしたことに目をつむりがちで，それがさらに気分を落ち込ませ，無力感を助長させます。さらに，人生におけるポジティブな出来事のために果たしている自分の役割に気づけないことで，将来ポジティブな出来事が起こる可能性が低くなっていきます。なぜそうなると思いますか？

C： う〜ん。私はいつも，よいことが起きても，それが偶然だったり，ただ運がよかっただけだと思ってしまいます。ただ，自分の貢献に気づくことができたら，物事をもっとコントロールできているように感じられるかもしれませんね。

T： その通りですね！　自分の貢献を無視すると，ポジティブなことが再び起こる可能性を減らす原因になります。逆に，自分の貢献に気づくと，効果的だったことをもっと行えたり，将来ポジティブな結果が起こる可能性を高めたりできます。

C： わかりました。少し変な感じがしますが，試してみることはできます。

第 6 章　ポジティブに目を向ける

T：すばらしい！　この治療や人生において新しいすべてのスキルを身につけるこ
　　とは，最初は不快に感じるかもしれませんが，練習することでだんだん簡単に
　　なります。具体例を挙げて考えてみましょう。

## 事例　#3

　以下の例では，クライエントは自分の貢献についてポジティブ感情を抱くこ
とが自己満足につながってしまうことを恐れている。自身の義務として「○○
すべきである」という信念があるため，ポジティブを感じることを認めていない。

C：自分を褒めてばかりいるのは，自己満足ではないですか？　不安が唯一の原動
　　力だから，学業への意欲がますますなくなってしまうんじゃないかと心配して
　　います。

T：よい成績をとって大学を卒業するという目標が，とても大切だとお話しされて
　　いましたね。不安は，失敗への恐れや自己批判的な考えとともに，行動を起こ
　　す原動力になるようですね。しかし，心配に駆られ続けることは，心身のエネ
　　ルギーや動機づけにどんな影響を与えそうでしょうか？

C：いつも消耗しきっています。アドレナリンがドッと出た後は機能停止してしま
　　いますね。でも，リラックスしすぎたり，ポジティブになりすぎたりするのが
　　怖いんです。

T：今週，そのスキルを試せますか？　自分の貢献を自分のものとすることが，本
　　当に動機づけを下げるか試す実験をしてみましょう。実際，達成感，誇らしさ，
　　ワクワクするといったポジティブな感情は，将来のためにエネルギーを与えて
　　くれることがよくあります。

C：試してみたいです。ただ，本来やるべきことなので，それをしただけでポジ
　　ティブになるのはすきじゃないです。親が大学の学費を払ってくれているのだ
　　から，よい学生でいることは義務なんです。誇りに思う権利なんてないんです。

T：教えてくれてありがとうございます。「すべき」という考えが，本当に自身を
　　厳しくさせているのですね。さて，1人，大学の友達をイメージしてみてもら
　　えますか？　その人が試験でよい成績をとって誇りに思うことを，あなたは非
　　難しますか？

99

モジュール 2　PAT のスキルセット

C： いえ，私もうれしいと感じますし，友達にもよい気持ちになってほしいです。

T： 誰かが自分の結果を話してくれると，あなたもポジティブな感情を感じるんですね！　友達にとって，試験でよい成績を収めるために勉強していることを誇りに思うことは，どのように役立つと思いますか？

C： 正の強化のようなものですね？　友達も報われて，将来もっと勉強しようという気になるかもしれません。

T： その通りです！　これを自分に当てはめてみたらどうなるでしょうか？　試しに，今週起こったポジティブな出来事に対する自分の貢献を挙げてみましょう。

C： 今週のはじめに生物学の中間テストがあったんですが，それがすごくよかったんです。勉強のためにフラッシュカードを作ったんです。90％は正解したんですが，どうしても 10％間違えたことを考えてしまうんです。

T： フラッシュカードを作る努力を認識したことはすばらしいことですね！　また，心がネガティブな方向に流れてしまう癖に気づかれていることにも感心しました。ここで，自分の間違いや改善の余地を見て見ないふりをしましょうと言っているのではありません。むしろ，90％の正解に貢献した自分の行動を本当に理解することが，同じくらい重要なのではないでしょうか。この「自分のものにする」というスキルは，自分自身のポジティブな行動にも焦点を当てるように脳を訓練してくれるんです。

C： 自分が間違ったことを無視する必要はなく，むしろ何に焦点を当てるかのバランスをとることが大事なんだと考えると，気が楽になりますね。

## トラブルシューティング

　クライエントによっては，ポジティブな出来事を見つけることがそもそも難しいかもしれない。それを自然なことと認めながら，自分の人生の中でポジティブな出来事を特定することも練習すべき重要なスキルであると強調する。「ポジティブなことなんてありません」と答えたクライエントには，「ポジティブな活動の計画」（エクササイズ 5.5）の一部に記入した，すでに完了した活動を含めてもよい。あるいは，当日，セッションに参加するために，どのような行動をしなければならなかったかを尋ねてもよいだろう。[*4]

100

第6章　ポジティブに目を向ける

アンヘドニアやうつの性質として，自分がポジティブな結果に貢献したにもかかわらず，そのポジティブな面を否定することがある。クライエントの行動が，ポジティブな結果にどう貢献したかを深くふり返るために，自分のものにするためのふり返りに寄り添い，励ます。

時折，クライエントは自分が値しないような役割を果たすことで，他者から否定的に評価されるのではないかと心配し，ポジティブな貢献を表現することを恐れることがある。「ネガティブ感情やネガティブな出来事から目を背けるのは無責任ではないか」と心配していることもある。そこで再び，ネガティブな引力があってそう考えがちになるのは無理もないと認めつつも，その代わりにポジティブに注目することでその引力を弱める方法を学ぶ価値があると伝えるようにする。

クライエントがこのスキルに疑問を抱いて，「ネガティブな人生経験が重なってきた全体像から見れば，このスキルにはほとんど価値がないのでは？」（あるいは，「うまくいかないことがいっぱいあるのに，自分のちっぽけな貢献を受け入れることがどれだけ重要なのか？」）と話すこともある。このようなときは，その懸念を認めながらも，ポジティブな能力を身につけることでネガティブなことに圧倒されにくくなってきて，対処できるようになることを再び強調する。

## ポジティブを思い描く

本章で取り上げる最後のスキルは，**ポジティブを思い描く**である。これは報酬への予期や動機づけと，報酬獲得をあじわうことを標的にしている。また，ス

---

＊4　例えば，セッションで話しているまさにその時に，「今こうして一緒にPATにとり組んでいることは，ポジティブでしょうか？　ここに来るまで大変だったと思いますし，家で横になっていてもよかったのではないでしょうか」と尋ねて，セッションに来たことのポジティブな意味合いに気づいてもらってもよいだろう。そのうえで，「朝起きてから，ここに来るまでに何をされましたか？」と質問して，クライエントが自らの意思で寝床から起きて，着替えて，水を飲んだりご飯を食べて，家を出て，道中で歩いたりして，ちょっとした不安や期待を抱きながら，セッションに来たことに気づいてもらうのもよいだろう。ここで，しつこいほどに詳細に1つ1つの行動をふり返ってみると，本人がどれだけ小さな努力を重ねてきているかが認識できるようになる。

*101*

キル実施の前後で感情を評定してもらうことで，報酬学習にも効果をもたらす。一連のエクササイズは，乏しいポジティブな心的イメージ（Holmes et al., 2016）や，曖昧な情報に対するネガティブな解釈バイアス（Rude et al., 2002）を標的にしている。これらはうつ病やアンヘドニアの特徴でもある。

　将来の出来事がうまくいくのを思い描くのが難しいか，そしてむしろ，あまりうまくいかないだろうと予想しがちでないかをクライエントと話し合うところからはじめる。それから，ネガティブな結果を予測することによる影響についても話し合っていく。想像し思い描くことは，将来起こす行動の青写真になる。ある状況がうまくいくことを想像することは，その出来事をよい方向に進める可能性を高める反応を教えてくれたり，準備させることにつながる（ただし，このスキルはポジティブな結果を保証するものではなく，単なる予言と混同してはならない）。鮮明に視覚化できると気分がよくなりやすいことが示唆されているため，このスキルでは五感（視覚，聴覚，嗅覚，味覚，触覚や温度）をすべて使うようにクライエントに勧める。

　クライエントに，これから1週間で起きそうな出来事を挙げてもらう。例えば，次のPATの予約，友達と会うこと，職場でのプレゼンテーションなどである。ここでワークブックと本書の巻末の付録にあるエクササイズ6.3「ポジティブを思い描く」を用いる。クライエントの視覚化を補助するために，うまくいっている状況を書き出してもらう。それはポジティブな出来事を書き出しておかないと，視覚化が難しいクライエントもいるためである。

　次に，**瞬間をあじわう**と同じように，視覚化にとり組んでもらう。以下の手順で，クライエントの将来がうまくいくように導き，現在形の文章で声を出しながら共有してもらう。

- 五感をフルに使い，状況をポジティブに思い描くように伝える。
- 状況をネガティブに想像する傾向や衝動に気づくよう伝え，ポジティブに目を向けるためにベストを尽くすよう求める。
- 出来事のはじまりについて考えてもらう（例えば，出来事の数分前や出来事がはじまるときなど）。
- 将来の出来事をゆっくりと辿っていき，目の前で展開される様子を現在形で

第 6 章　ポジティブに目を向ける

答えてもらう。
- 時折立ち止まり，経験している思考や感情，身体感覚について話してもらう。
- エクササイズ用紙に，視覚化の前後に感情を評定してもらう。

　視覚化した後，状況をイメージする際にどう感じたかをふり返り，視覚化によって感情が変化することを強調して導き出す。喜び，興奮，興味関心，幸せなど，さまざまなポジティブ感情に言葉を与える（ラベリングする）ことを強化する。クライエントがポジティブ感情を見つけることが難しい場合は，ある感情を感じたときの身体感覚（例えば，身体が軽くなる，温かくなるなど）を説明するように促したり，エクササイズ 6.3 の「ポジティブを思い描く」に書かれたラベルを使う。

　ボックス 6.1 に，ホームワークに利用する視覚化スクリプトの例がある。クライエントもセラピストも，この音声を Treatments *That Work*™ のウェブサイト（www.oxfordclinicalpsych.com/PAT）から利用することができる。

---

**ボックス 6.1** ── ポジティブを思い浮かべるための視覚化スクリプト

　足を地面につけて，背筋を伸ばし，両手を膝の上に置き，楽な姿勢をとります。心地よければ，そっと目を閉じるか，目の前の一点を見つめてください。スタート地点の周囲のイメージを思い浮かべます。

　今いる場所をできるだけ鮮明にイメージしてください。周りに何が見えるかに気づきましょう。匂い……音……温度はどうでしょうか。よい香りに気づきますか？　自然の音や他の音に気づきますか？　暖かいですか，それとも涼しいですか？　心地よい風を感じますか？　少し時間をとって，周りの環境に気づいてみましょう。（間をとる）

　次に，今から起きる瞬間瞬間の身体の感覚に注意を移してください。感じとれる身体の反応は何でしょうか？　力がわいてくるような感じでしょうか？　緊張から解き放たれるでしょうか？　心臓が高鳴っていたり，微笑んでいたりするでしょうか？（間をとる）

　感じている感情は何でしょうか？　興奮ですか？　安らぎでしょうか？

---

*103*

喜びや興味，思いやりや興味でしょうか？　これらのポジティブな感情の1つを選び，それがあなたの身体でどのように感じられるかを想像してください。(間をとる)

では，その未来の状況における，ご自身の考えを想像してください。それらをもっとポジティブにするにはどうしたらよいでしょうか。(間をとる)

エクササイズ用紙に書き留めた出来事を，ゆっくりと辿っていきます。ポジティブな出来事を辿っていく中で，ポジティブな思考や感情，身体感覚に気づく時間をとってください。(間をとる)

未来の自分が今，どのような感情を抱いているかに気づいてください……今，どのような考えが浮かんでいるかにも気づいてください。(数分行ってもよい)

準備ができたら，そっと部屋に意識を戻して，目を開けてください。

## ホームワーク

ホームワークとして，これから1週間，毎日，ポジティブな出来事について視覚化してもらう。クライエントは，音声を聞いたり，教示を読むこともできるし，そのような補助なしでイメージすることや，教示を読み上げる自分の声を録音して練習で使ってもよいだろう。

## 事例

事例　#1

ここでは，クライエントがポジティブなことが起こるとは信じていない場合に，ポジティブな将来をイメージすることをどう促すかを示している。

T：それでは，将来起きうるポジティブな出来事をイメージしてみましょう。
C：それは，自分には役に立ちそうもないですね。

第 6 章　ポジティブに目を向ける

T： 詳しく教えてもらえますか？

C： この先，ポジティブなことが起きるとは思えません。長い間，何か難しい感じ
がして，日々の生活でポジティブなことを経験することもありません。なぜ，
起きそうもないことをイメージしなくてはいけないんでしょうか？　それ以上
に，なぜ何かをイメージすることが助けになるのでしょうか？

T： ずっと気分が落ち込んでいるときは，将来起こるポジティブなことをイメージ
するのは難しいかもしれません。以前お話ししたように，気分と思考はつな
がっていて，気分が落ち込んでいるときは，人生で起こりうるポジティブなこ
とを考えるのはとても難しくなります。そんな状況でも，ポジティブなことに
目を向けてみると，気分がポジティブになることが研究でわかっています。

C： なるほど。

T： ポジティブなことに目を向けることは，筋肉を鍛えるようなものです。筋力を
つけるためにはどうしたらよいでしょうか？

C： トレーニングや練習することですかね？

T： その通りです。ポジティブを思い描くのは，脳がポジティブに目を向けられる
ようにする練習なんです。ポジティブをイメージすればするほど，気分がよく
なります。将来起きうるポジティブなことについて，何でもいいので考えてみ
てもらえますか？

C： そうですね，でもさっき言ったように，本当に何も思いつかないです。

T： PAT のはじめのほうで作ったポジティブな活動リストをふり返ってみるのが役
に立つかもしれないですね。

C： わかりました。

T： そのリストを見て，将来起きうると思えるポジティブな出来事はありますか？

C： そうですね，「娘と一緒に過ごす」と書いていました。娘は遠くに住んでいる
し，頻繁には会えないので，実現するかはわかりませんが。

T： ポジティブな出来事を見つけられたのはよいことですね。娘さんに会うことや，
娘さんを訪ねる旅路も，ポジティブでとても意味のある経験になりそうですね。
このスキルは，起こりうるポジティブなことをイメージするものですので，そ
れが起こるかどうかわからなくても構いません。この出来事を，あたかもリア
ルタイムで起こっているかのように，一緒にイメージしてみませんか？

105

モジュール 2　PAT のスキルセット

C： はい，試してみます。

## 事例　#2

　以下の事例では，クライエントが他に人生の大きなストレッサーを抱えているときに，ポジティブな将来の出来事をイメージすることを促している。

T： 今日は「ポジティブを思い描く」という新しいスキルについて説明しますね。

C： はい。

T： 「ポジティブを思い描く」というのは，「ポジティブに目を向ける」とは別のものです。多くの場合，将来起こるポジティブなことをイメージできると，気分がよくなることが研究で明らかになっています。

C： なんだか将来起こるポジティブなことを考えるだけで，すべてがよくなると言っている気がするんですが。それはちょっと短絡的に思えます……私の人生には現実の問題がたくさんあるんです。慢性疾患にかかっていることや，フルタイムで働いて家計をやりくりしていること，子どもの面倒を見ていること，今は私をサポートしてくれる友人や家族が 1 人もいないように感じていることなどです。ポジティブにイメージすることがいったい何を改善してくれるんでしょうか？

T： そうですね。確かに，その通りですね。今，たくさんのことをこなしておられますね。ポジティブにイメージすることで，現実の問題をすべて解決できるわけではありません。ポジティブなことをイメージするのは，ご自身の道具箱に加えることができるスキルの 1 つです。ここでの目標は，ポジティブな出来事をじっくりとあじわい，より深く体験する方法を見つけることです。ご自身の人生の中で「ポジティブを思い描く」ことには，どのような利点があるでしょうか？

C： どんな悪いことが起こるだろうかと，そのことばかりに気をとられているので，そう考えなかったとしたら，もっとよい気分になるかもしれません。

T： よい観点ですね！　ネガティブなことを予期すると，かえって気分が悪くなるという実体験があるのですね。そうすると，ポジティブなことに目を向けると，気分がよくなる可能性もありますね！

106

第6章　ポジティブに目を向ける

C：そうですね，何かは役立つかもしれません。

T：もっと自然にポジティブなことをあじわったり，深く体験できるようになった
ら，人生はどうなりそうですか？

C：まあ，よいことが起こると期待できるなら，普段から何かをするかもしれませ
ん。友達と会ったり，新しい活動をしようとするかもしれません。

T：もし自然にポジティブなことを考え，予想し，あじわうことができたら，人生
はちょっと違ってくるかもしれないのですね。くり返しますが，このスキルが
人生の困難なことをすべて取り除くとは言えません。しかし，このスキルが気
分をよくする可能性があると考えれば，このスキルを試してみてもよいのでは
ないでしょうか？

C：そうですね，試してみたいです。

## 事例　#3

ここでは，「ポジティブを思い描くスキルを使うと気分が悪くなる」と語るク
ライエントに，スキルを実践してもらうプロセスを示している。

T：では，将来起こりうるポジティブな出来事をイメージしてみましょう。その出
来事に思いを巡らしながら，その瞬間瞬間に生じた感情や身体感覚を描写して，
現在形で話してください。最初のセッションでやったことと似ていますが，す
でに経験したことをふり返るのではなく，将来起きうるポジティブなことに目
を向けます。練習に使えそうな出来事は何かありますか？

C：そうですね。旅行がすきでした。娘と一緒にパリを旅行して，ノートルダム寺
院を見せたい，というのはどうでしょうか。

T：よいですね！　娘さんと一緒にパリに行って，ノートルダム寺院を見ていると
ころをイメージすると，何が目に浮かぶか，まず話してもらえますか？

C：ええ，そうですね，ようやく娘と一緒にここに来ることができてうれしいです
ね。建物の外にあるガーゴイルを指さしながら，娘の手を握っています。娘は
それが面白いらしく，笑っています。娘と一緒に外周を歩いて，大火事のこと
を話します。このとき，私はゆううつな気分になっています。留学していた数
年の間に，パリに行ったことがあります。あのころはエネルギーと喜びと冒険

*107*

心に満ち溢れていました。今は，あの輝きを失ったように感じます。娘に見せている世界が暗くて悲しいものに感じられます。（涙ぐむ）

T：若いころに初めてノートルダム寺院を見たあのときに比べて，人生と世界が変わってしまったと悲しみを感じることは，よくわかります。ここで立ち止まって，心がネガティブなほうに引っ張られていることに気づきましょう。娘さんとともにこの瞬間に立ち返り，この状況で起こりうるポジティブ感情や感覚をイメージし続けられそうですが，どうでしょうか？

C：申し訳ないのですが，今は続ける自信がありません。これで気分がよくなるはずなのはわかってはいるんですが，自分が期待していた未来からどれだけズレているかを実感すると，ますます気分が悪くなります。

T：練習することがつらそうですね。ですが，これは学習し，練習するためのスキルだということを思い出してください。最初はとても難しく感じるかもしれません。ただ，このスキルをうまくする唯一の方法は，練習を続けることです。この練習は，筋トレに似ていると以前お話ししましたね。このスキルを練習し続けることで，脳がポジティブなことをイメージし，その経験をあじわう力が強化されます。ポジティブなことをもっと簡単にイメージできるようになれば，気分も変わってくるかもしれません。

C：そうかもしれません。たぶん，すべてについて悲観的であることはなくなると思います。常に最悪のシナリオを予想することもなくなるでしょうし。よいことが起こるかもしれないと考えることで，よりポジティブになれる可能性はあるのでしょうか？　よくわからないんですが……。

T：まさに，おっしゃる通りですね。このスキルが使えるようになると，ポジティブな結果を生む活動への動機づけが高まることがわかっています。ポジティブな結果が出たときにこのスキルを練習することで，さまざまな経験のポジティブな面をより深くあじわうことができるようになり，ポジティブ感情が増やせるようになります。

C：よくわかりました。

T：今，この活動が助けになる理由を思い出せたところで，練習に戻って，ポジティブに目を向け続けられそうでしょうか？

C：はい，難しいかもしれませんが，できると思います。

第6章 ポジティブに目を向ける

T： すばらしいですね。では，娘さんとノートルダム寺院の外にいますね。

## トラブルシューティング

　ポジティブな将来を特定するのが難しいクライエントには，「ポジティブな活動の計画」（エクササイズ 5.5）の中から過去の活動を選び，それをこれから起きる活動としてイメージしてもらう。

　クライエントの中には自分の悲惨な生活状況を考えると，このスキルは意味がないと感じる人もいる。このような場合は，その生活状況や思いを認めながら，この章の目標が生活状況を変えることではなく，気分をポジティブな方向にバランスよくすることであり，それにより結果的に生活状況に対応しやすくなることを思い出してもらう。

　最後に，このエクササイズによって今の自分にないものをますます自覚させられることで，ネガティブ感情や反芻を生じさせる可能性がある。このようなときは，クライエントの感情を認め，それと同時に，ポジティブな将来の出来事をイメージできるスキルは，ポジティブな筋肉をつけるためのものであることをクライエントに伝える。このスキルは，やがてクライエントがポジティブな結果につながりやすい行動にとり組む動機づけを高め，そのような結果が起こったときにはあじわうことができるようになり，ゆくゆくはポジティブ感情を増やし，ネガティブ感情を減らすことにつながる。

*109*

# 第7章

──── ワークブックの第7章に対応

## ポジティブを積み重ねる

準備するもの
目標
ワークブック第7章の要点
鍵となる概念
ポジティブを積み重ねる重要性
思いやりいつくしむ
  ホームワーク
  事例
  トラブルシューティング
感謝する
  ホームワーク
  事例
  トラブルシューティング
与える
  ホームワーク
  事例
  トラブルシューティング
誰かの幸せを喜ぶ
  ホームワーク
  事例
  トラブルシューティング

## 準備するもの

- 音声を流す電子機器（任意）
- エクササイズ 7.1「思いやりいつくしむ」（エクササイズはワークブックに含まれており，本書の巻末の付録にも含まれている）

第 7 章　ポジティブを積み重ねる

- **思いやりいつくしむ**エクササイズの進め方または音声（スクリプトはワークブックの第 7 章と，本書 115 ～ 118 ページにある。音声ファイルは，Treatments *That Work*<sup>TM</sup> のウェブサイト www.oxfordclinicalpsych.com/PAT からアクセスできる）<sup>＊1</sup>
- エクササイズ 7.2「感謝する」
- エクササイズ 7.3「与える」
- エクササイズ 7.4「誰かの幸せを喜ぶ」
- **誰かの幸せを喜ぶ**エクササイズの進め方または音声（スクリプトはワークブックの第 7 章と，本書 140 ～ 141 ページにある）

## 目標

- 前回のセッションの内容を復習し，質問に答える。
- この章で紹介する 4 つのポジティブな実践を支える科学について説明する。
- **思いやりいつくしむ**を紹介し，その実践法を教え，ホームワークとする。
- **感謝する**を紹介し，その実践法を教え，ホームワークとする。
- **与える**を紹介し，その実践をホームワークとする。
- **誰かの幸せを喜ぶ**を紹介し，その実践法を教え，ホームワークとする。
- この章の鍵となる概念を復習する。

## ワークブック第 7 章の要点

- **思いやりいつくしむ**とは，愛情といつくしみに満ちた思いを向けて，生命や世界を視覚化することである。この実践は，メンタルヘルスやウェルビーイングを向上させ，人とのつながりを感じることを助ける。
- **感謝する**とは，感情であり，行動であり，思考の方法でもある。感謝をスキルとして定期的に使うことで，メンタルヘルスによい効果を与えることが示されている。

---

＊ 1　2024 年 12 月時点ではアクセス不可となっている。

*111*

モジュール 2　PAT のスキルセット

- **与える**とは，何かを誰かに与えることを選択することであり，創意工夫によってその意味は無限に広がる。**与える**を定期的に実践することで，幸せを増やし，気分に及ぼすネガティブな影響を軽減できる。
- **誰かの幸せを喜ぶ**とは，他者の成功体験から生まれる，ポジティブな感情の体験である。また，人々の幸せが続くように，といったポジティブな思考を実践することでもある。他のポジティブな実践と同様に，ポジティブな感情を向上させる。

## 鍵となる概念

　この章の鍵となる概念は，何世紀にもわたって実践され，ポジティブな感情を高めることが実証されてきた 4 つのスキルを通して，ポジティブを積み重ねることである。これらのスキルを紹介するためには，少なくとも 4 回のセッション（1 つのスキルにつき 1 回のセッション）が必要になることを想定している。クライエントは，愛情や喜び，人とのつながりに関する感情を生み出すために，**思いやりいつくしむ**と**誰かの幸せを喜ぶ**の実践を学ぶ。また，**与える**と**感謝する**のスキルを日常生活に活用する方法も学ぶ。
　クライエントにとっての目標は，以下の通りである。

- **思いやりいつくしむ**実践をはじめる。
- 毎日，**感謝する**行動を組み入れる。
- 週に何度も**与える**を実践する。
- **誰かの幸せを喜ぶ**実践を試してみる。

## ポジティブを積み重ねる重要性

　この章では，**思いやりいつくしむ**，**感謝する**，**与える**，**誰かの幸せを喜ぶ**という 4 つのスキルを紹介する。ここで強調したいのは，これらのスキルや実践がメンタルヘルスやウェルビーイング，人間関係によい効果をもたらすことが，何世紀にもわたる文化的な実践や多くの研究により実証されていることである

（Algoe & Haidt, 2009; DeShea, 2003; Emmons & McCullough, 2003; McCullough et al., 2002; Van Overwalle et al., 1995; Wood et al., 2008b）。残念なことに，これらのスキルは，その概念の曖昧さや定義が複数あることから誤解されがちである。そのため，クライエントとのセッション内でこれらのスキルを説明し，実践することが不可欠である。これは，人間の普遍的な経験である**感謝する**と**与える**に関しても当てはまる。

　クライエントと一緒に，それぞれの概念の背景にある科学と歴史をふり返ることが重要である。そのために，4つのポジティブな実践を別々のセッションに分けて行うことが推奨される。各セッションは，前回のセッションのホームワークの復習に続いて，次の「ポジティブを積み重ねる」ためのスキルの科学と歴史を知るところからはじまる。その後，エクササイズを実践し，その体験について話し合う。そして，セッションの最後に，もう一度セッションの内容を復習し，ホームワークを話し合う。あるいは，1回のセッションでこれらのスキルの科学と歴史をすべて学んでから，これらのエクササイズの実践に充てるためのセッションを追加していく方法もある。

　これらのポジティブな実践を導入する順番は，セラピストの裁量に委ねられる。私たちとしては，ワークブックにも記載されている通り，**思いやりいつくしむ，感謝する，与える，誰かの幸せを喜ぶ**の順で実施することを推奨する。この順番には複数の理由がある。まず，**思いやりいつくしむ**の効果は目に見えるようになるまで多くの時間や練習を要することがあるため，このスキルからはじめることが有益である。また，**思いやりいつくしむ**の実践を通して，その次に導入することが推奨される**感謝する**が培われることがよくある。さらに，**感謝する**は**与える**のような向社会的行動を予測することが先行研究において示されている（Emmons & McCullough, 2003）。最後に**与える**に関連する行動は，最後のスキルである**誰かの幸せを喜ぶ**を実践するために最適な状況を作り出す。

## 思いやりいつくしむ

### 背景

　**思いやりいつくしむ**（*Loving-Kindness*）[*2]とは，東洋の宗教的な実践を起源と

*113*

モジュール2　PATのスキルセット

しており，西洋ではより世俗的な実践として注目されるようになった。**思いやりいつくしむ**とは，他の生き物，自分自身，世界への思いやりやいつくしみのある関心に意識を向けることである（Hofmann et al., 2011）。また，開かれた形で，温かみと優しさに向かう自分の感情体験をトレーニングする行為ともいわれている（Garland et al., 2010）。実践する中で，生き物や世界を視覚化して思い描き，それらに対して愛情や思いやりを向ける。それは，思考，感情，感覚に対するマインドフルな気づきが生まれてくるような体験となる。

　**思いやりいつくしむ**介入はポジティブな感情を高め（Fredrickson et al., 2008; Hutcherson et al., 2008; Zeng et al., 2015），怒りや痛み，苦痛（Carson et al., 2005）などのネガティブな感情を減少させる（Hutcherson et al., 2008）。**思いやりいつくしむ**瞑想が統合失調症の陰性症状であるアンヘドニアを軽減することを示唆する研究もある（Johnson et al., 2009）。さらに，**思いやりいつくしむ**実践は他者とつながっている感覚を高める（Hutcherson et al., 2008）。

　PATでは**思いやりいつくしむ**を，報酬獲得（あじわう）を標的とする介入として用いている。**思いやりいつくしむ**実践を通して，人は思いやりやいつくしみに満ちた感情，思考，身体症状に気づき，吟味する。Koole et al.（1999）は，失敗した後の自己を肯定することで，反芻が減少し，ポジティブな感情が増加することを示しており，自身に対する**思いやりいつくしむ**はネガティブな思考の変容を促し，ポジティブな感情を高めると考えられる。さらに，Fredrickson et al.（2008）は，**思いやりいつくしむ**を実践した後のポジティブな感情の増加が，その人のリソースを増やし，生活の満足度の変化にも関連することを示した。

### 実践法

　**思いやりいつくしむ**エクササイズのために，セッションの中でボックス7.1のインストラクションを読むか，その音声を流す。クライエントには，エクササイズ7.1「思いやりいつくしむ」用紙にとり組む前に，感情を記録しておいてもらう。エクササイズ7.1は，ワークブックと本書の付録に収められている。

---

＊2　Loving-Kindnessは「慈愛」と訳されることが多いが，PATでの日本での実践においては，宗教的なニュアンスから抵抗感を抱かれることがないように，そして，PATで実際にとり組む内容に即して「思いやり（kindness）いつくしむ（loving）」と訳した。

第7章　ポジティブを積み重ねる

インストラクションの音声は，Treatments *That Work*$^{TM}$のウェブサイト（www.oxfordclinicalpsych.com/PAT）で，セラピストとクライエントの双方が利用できる。

---

### ボックス 7.1　思いやりいつくしむエクササイズの進め方

　あまり気が散らない場所で，楽な姿勢をとりましょう。足を地面につけ，背筋を伸ばし，目を閉じるか，目の前の一点をそっと見つめながら，椅子に座るとよいでしょう。

　もし，気持ちが落ち着かなかったり，考えごとをしていたり，気が散るように感じたら，少し時間をとって吸う息と吐く息の1つ1つに注目し，呼吸に意識を向けてみましょう。息を吸ったり吐いたりしているときの身体の変化を観察してみてください。お腹が上下したり，鼻を通る空気の温度が変化したりすることに気づくかもしれません。

　準備が整いましたら，あなたのすきな人，あるいは関係が特にこじれていない人を思い浮かべるところからはじめましょう。とても大切にしている誰かであって，ペットであったり，遠い関係ではあるけれどとても尊敬している人でもあってもよいでしょう。その対象があなたの前に座り，微笑み，あなたを見つめているところを想像してみてください。

　その相手に対して，以下の言葉をかけてみてください。これらの言葉を声に出してみたり，心の中で言いながら，言葉の内容に集中してみましょう。

　　あなたが平和でありますように……
　　あなたが健康でありますように……
　　あなたに苦痛や困難，不幸が降りかかりませんように……
　　愛と喜びがありますように……
　　　……
　　あなたが平和でありますように……
　　あなたが健康でありますように……
　　あなたに苦痛や困難，不幸が降りかかりませんように……

---

*115*

愛と喜びがありますように……

……


　これらの言葉を読み上げるときに，どのような感情や身体感覚が生まれる
かに意識を向けてみてください。ぬくもりでしょうか？　ほほえみでしょう
か？　そしてまた，今すぐにポジティブな感情に気づかなくても大丈夫です。


あなたが平和でありますように……

あなたが健康でありますように……

あなたに苦痛や困難，不幸が降りかかりませんように……

愛と喜びがありますように……


　呼吸に意識を向けてみてください。息を吸ったり吐いたりするたびにお腹
が上下していることに気づきながら，呼吸に意識を向けてみましょう。
　今度は，このエクササイズの題材としてとり組むことが少し難しそうな人
を思い浮かべてみてください。その人は難しい関係にある家族でもよいです
し，職場の同僚や政治家でもよいでしょう。自分自身でも大丈夫です。一方
で，あなたを虐待したことのある人や，トラウマの原因となった人にしては
いけません。誰かを決めることができたら，その人が目の前に座っているの
を想像してください。その人に次のような言葉をかけてください。


あなたが平和でありますように，また，あなたの平和を願います……

あなたが健康でありますように，また，あなたの健康を祈ります……

私／あなたに苦痛や困難，不幸が降りかかりませんように……

私／あなたに愛と喜びがありますように……

……

あなたが平和でありますように，また，あなたの平和を願います……

あなたが健康でありますように，また，あなたの健康を祈ります……

私／あなたに苦痛や困難，不幸が降りかかりませんように……

私／あなたに愛と喜びがありますように……

第7章　ポジティブを積み重ねる

浮かんでくる感情や身体感覚の変化に気づいてみましょう。

あなたが平和でありますように，また，あなたの平和を願います……
あなたが健康でありますように，また，あなたの健康を祈ります……
私／あなたに苦痛や困難，不幸が降りかかりませんように……
私／あなたに愛と喜びがありますように……


また，しばらくの間，呼吸にもう一度意識を向けてみましょう。もし，気が散っていることに気づいたら，何度か深呼吸をしてみましょう。

今度は世界のイメージを思い浮かべてみましょう。そしてポジティブな思いをささげてみましょう。


世界が平和でありますように……
世界が健康でありますように……
世界に苦痛や困難，不幸が降りかかりませんように……
世界に愛と喜びがありますように……
……
世界が平和でありますように……
世界が健康でありますように……
世界に苦痛や困難，不幸が降りかかりませんように……
世界に愛と喜びがありますように……


どのような感情や身体感覚が生まれたでしょうか？
最後に，そっと呼吸に意識を向けてみましょう……
そして目を開けてください。

実践の後，クライエントにもう一度自分の感情を評定してもらう。次に，気

づいた考え，感情，身体感覚についてふり返ってもらう。ポジティブな感情や考えがあった場合は，**思いやりいつくしむ**実践とのつながりをふり返る。ポジティブな感情になった場合は，何がそれにつながったかをふり返る。そうすることで，実践がよりポジティブな感情につながるという学習が強化される。

クライエントがネガティブな体験をした場合は，その理由をアセスメントする。気まずさや偽善のように感じることで，不快感を覚える人もいる。もしそうなら，**思いやりいつくしむ**実践の最初の数回は，そのような反応も予想されることを説明する。思いやりいつくしむ実践によって，ポジティブ感情よりもネガティブ感情が多く出てくることもある。もしそうなら，最初に難しい関係にある人を選ぶと，そうしたネガティブな感情もよく起こることを説明する。もし十分な時間があれば，別の，より難しくない存在（例えばペット）で，もう一度実践してもらう。また，クライエントが頭の中で多くのことを考えている場合もある。もしそうなら，実践を重ねるにつれて考えごとも少なくなってくることが多いことを説明する。

ホームワークに移る前に，重要な点を強調する。クライエントに対して，このセッションやスキルから何を得たかを尋ねる。そうすることで，クライエントが内容をしっかり理解しているかどうか，復習が必要な内容があるかを把握できる。

## ホームワーク

ホームワークとして，毎日**思いやりいつくしむ**スキルを実践してもらい，エクササイズ7.1の前後のポジティブ感情を記録してもらう。クライエントは，音声を聞いたり，スクリプトを読んだり，スクリプトを録音して自分で読むのを聞いたりして実践する。

## 事例

### 事例 #1

ここでは，セラピストが**思いやりいつくしむ**スキルを導入している。

第 7 章　ポジティブを積み重ねる

T： 今日から**思いやりいつくしむ**という新しいスキルにとり組みはじめます。この
ような実践を聞いたことはありますか？

C： いいえ，ないと思います。

T： 聞いたことがない人が多いと思います。「思いやりいつくしむ」は，西洋の文
化だけで知られているものではありません。もともとは，瞑想の 1 つとして仏
教の修行法から発展したもので，「思いやりいつくしむ」は四無量心という心
の状態のうちの 1 つです。西洋医学では，メンタルヘルスに対して有用である
ことから「思いやりいつくしむ」が取り入れられるようになりました。[*3]

C： ちょっと待ってください。ここで宗教的なことにとり組むということでしょうか？

T： （微笑みながら）いいえ，この実践は宗教的なものではありません。宗教を信仰
していても，していなくても役に立つものです。どうでしょう？

C： そういうことであれば，わかりました。

T： 思いやりいつくしむ実践が，気分の改善やネガティブな感情の軽減につながる
ことを示す研究はたくさんあります。例えば，ある研究では，怒りや痛み，そ
して全般的な苦痛の軽減につながることが示されています。

C： そうなんですね。私にも役に立ちそうです。

T： 間違いなく役に立つでしょう。また，他者とつながっている感覚を促進してく
れるよいスキルでもあります。他者とのつながりは，とても悩んでいることの
1 つですよね。

C： はい。他者から突き放されているように感じます。1 週間の中で人と関わる活
動の予定を入れるようになってからはマシになりましたが，他者とのつながり
を感じる，という感覚をもてることはまれです。

T： なるほど，そうであればとり組むのにぴったりなスキルかもしれませんね。

C： 楽しみです。

---

＊ 3　仏教において重要とされる心の状態であり，慈心（無条件の愛や優しさ，他者に対する温かい
心をもつこと），悲心（他者の苦しみに対する共感と，その苦しみを和らげる意志），喜心（他
者の喜びや成功を自分のものとして喜ぶ心の状態），捨心（物事に対する中立的な視点や平等
な心をもつこと，一種の平静と均衡の状態）を指す（https://tokuzoji.or.jp/shimuryoushin/）。ク
ライエントにとって，仏教の実践として教えられるほうが馴染みがあり，また，PAT のスキル
としての目標と合致しているようであれば，仏教の文脈から説明するのもよいだろう。

モジュール2　PATのスキルセット

T：　このスキルでは，イメージを使います。

C：　「ポジティブを思い描く」と同じように？

T：　少し違います。思いやりいつくしむ実践では，もっと一般的な，生きるものや世界をイメージしてもらいます。そして，イメージした生きるものや世界に対してポジティブな思いを向けてみます。ポジティブな思いとそのイメージに関しては，私がガイドをしていきます。実践をしている間，浮かぶ考えや感情，生じる身体感覚に意識を向けましょう。いかがでしょうか？

C：　興味があります。

T：　すばらしい。それでは実践してみましょうか？

C：　はい，わかりました。

## 事例　#2

　この事例では，実践のために想像するちょうどよい相手を決めることに行き詰まっているクライエントとのとり組みを描いている。

T：　さて，今，最初の「思いやりいつくしむ」実践を終えました。どうでしたか？

C：　全然できませんでした。

T：　どんな様子だったかもう少し教えてもらえますか？

C：　できなかったんです。関係が特にこじれていない人を思い浮かべてください，と言われたところで，行き詰まってしまいました。まず，母を思い浮かべたのですが，思い浮かべたときに，先週喧嘩をしたときのことを思い出して，イヤな気持ちになりました。そこから，妹のことを思い浮かべてみたのですが，私たちはもう何年も話していません。それから父のことを考えて，父とのことについては先生も知っていますよね……そしたら，他の人のことを考えるのが難しくなりました。

T：　本当に行き詰まってしまったのですね。多くの人がここで行き詰まります。あなたの，関係がこじれていない人を探すのが難しいというのは，人がいかに複雑な存在であるかをよく表しています。特に，身近な人たちに関しては，複雑な感情を抱きやすいものです。

C：　そうですね，家族に対しての思いはそんな感じです。私だけじゃなくてよかっ

120

たです。

T：そうです，あなただけではありません。こうしたことが起きたときに役に立つ
のは，この実践をはじめる前に，誰を思い浮かべるかを考えておくことです。
一緒に考えてみましょう。

C：わかりました。

T：あなたのお母さん，お父さん，そして妹さんも複雑な関係にありそうですね。
他に，遠い親戚など，家族の中で，複雑さをそれほど感じない関係にある人は
いますか？　例えば，祖父母であれば，他の家族よりもこのスキルを実践しや
すいと感じる人も多いみたいです。

C：祖父母はもう生きていませんし，存命だったころのことをよく知らないんです。

T：そうなんですね。実は，この実践をするには，相手が生きている必要はありま
せん。また，よく知らない相手であってもよいのです。ただ，あなたが知って
いる人からはじめたほうがやりやすいこともあります。

C：他に，私が知っている家族はいません。

T：それでは，家族以外の人はどうでしょう？　あまり複雑な関係にはない友達は
いますか？

C：友達はいないと感じています。

T：PATの初期にも，このことにはとり組みましたね。それから，人と関わる活動
を計画し，そこで新しい人々とも出会い，交流を続けています。まだ友達と呼
べるような相手でなかったとしても，この実践にとってはとり組みやすい相手
の候補になるかもしれません。

C：いい候補になるかどうか，どう判断したらいいですか？

T：いい質問ですね。相手のことを考えるとき，何か強いネガティブな感情が生ま
れますか？

C：いいえ。

T：そうですか，それならよい候補になりそうです。思いやりいつくしむ実践にお
いて思い浮かべる人は，ネガティブな感情をたくさん呼び起こす人を含めて，
どんな人であってもよいのです。ただ，はじめのうちは，ネガティブな感情が
少しだけ浮かんでくる，あるいは全く浮かんでこない人に対して実践するとや
りやすいです。この実践で思い浮かべうる人に関するもう１つの条件として，

モジュール 2　PAT のスキルセット

相手の顔や名前を思い浮かべることができること，があります。その人の顔と
名前のどちらかを思い出すことはできますか？

C： はい。

T： すばらしい。そのような友人や特定の個人であれば，誰でも候補になりそうで
すね。他にも，昔の恩師や先生，古い友人，ペット，見知らぬ人など，思いや
りやその他のポジティブな感情を向けられる人であれば，候補になります。

C： それであれば，飼っている犬を選んでもよいし，スーパーで並んでいるときに
話しかけてくれたとても優しい年配の女性でもよいかもしれません。

T： どちらの選択肢もすばらしいですね。次の実践では，どちらを選びますか？

C： 私の犬からはじめてもいいですか？

T： もちろんです。

## トラブルシューティング

　この実践において最もよく挙げられる課題は，とり組んでいる際にネガティ
ブな感情を経験することである。クライエントは，ねたみや怒り，悲しみ，苛
立ちを感じると報告するかもしれない。これらは自然な反応であり，特に実践
のために思い浮かべた人と難しい関係にある場合はなおさらそうなる。まずは
ノーマライズが重要となる。セッションに十分な時間が残っていれば，クライ
エントにとってとり組みやすい相手（例えば，ペットや観葉植物，すきだった
先生や恩師など）を選ぶように促し，もう一度実践し，違う感情が生じるかを
確認するのもよい。最後に，ポジティブな感情を経験するまでには，何度も（数
週間から数か月も）実践をくり返していくことが必要になることを説明する。

　もう 1 つよくある反応としては，気まずさや，本心ではない，といった感情
である。このような体験も認め，時間を追うごとにそのような感情は消えてい
くことを説明する。

　さらに，クライエントがよく抱える課題として，自分の人生において複雑な
関係でない人がいない，ということが挙げられる。このような場合は，クライ
エントがペットや観葉植物，あるいは過去に関わっていたがもう関わらなくなっ
た人を対象に，これらの実践ができるかどうかを確認する。

## 感謝する

### 背景

**感謝する**（*Gratitude*）は複数の定義をもつ感情であり，行動であり，思考法でもある。Wood et al.（2008c, 2010）は，感謝の定義として，ポジティブを認めて吟味すること，他者へのありがたい気持ち，自分が得ている物事への注目，美しさを称え大事にすること，行動で表すこと，ポジティブへのマインドフルな気づき，自分の人生が限られた時間であることへのありがたみ，恵まれない人々との健全な対比，などを挙げている。

進化の観点からは，感謝は社会的なつながりを維持するための機能かもしれない。実際に，感謝の実践は人間が互恵的利他主義（Trivers, 1971）を示す理由であると考えられている。すなわち，ある生物は，他の生物の力を強めるために，自らの力を弱めるような行動をとる（そして，それが自らにも戻ってきて互恵的な結果となる）ことと通じている。

本章で紹介するスキルの中で，感謝が最も多く研究されている。先行研究によれば，感謝はストレスやうつを軽減するなど，メンタルヘルスに対して有益な結果をもたらすことが実証されている（Wood et al., 2008c）。また，感謝は幸福感（McCullough et al., 2002; Van Overwalle et al., 1995）や誇り（Van Overwalle et al., 1995），希望（Van Overwalle et al., 1995），楽観主義（Emmons & McCullough, 2003; McCullough et al., 2002）といったポジティブな感情とも関連する。

さらに，感謝はポジティブな人間関係上の恩恵を有しており，人間関係（Algoe & Haidt, 2009），向社会的行動（Emmons & McCullough, 2003），他者を許そうとする意向（DeShea, 2003），他者とつながっている感覚（Emmons & McCullough, 2003; McCullough et al., 2002），他者から支えられている知覚（Wood et al., 2008b）の増加が報告されている。感謝とポジティブなウェルビーイングとの関連も示されている（Emmons & McCullough, 2003; McCullough et al., 2002）。PATのスキルとして感謝は，（1）この世にあるポジティブなものを認識し感謝する行い，（2）感謝する対象について考えること，として定義さ

れる。

介入としての**感謝する**の目標は，報酬獲得（あじわう）の一部として，ポジティブに気づき，吟味することである。ある研究では，支援を受けたことに対するポジティブな評価が，特性的な感謝と状態的な感謝の関係を媒介したことが示されている。この知見は，よく感謝する人が，支援を受けた後に，より感謝の気持ちを抱きやすいことを説明できる。一方で，報酬の予期や学習が感謝に関与していることを示唆する研究もある（Fox et al., 2015; Wood et al., 2010）。

### 実践法

**感謝する**の科学と歴史について話した後，セッション内で**感謝する**を実践できるように導く。そうすることで，クライエントはホームワークへのとり組みについて理解を深められる。

最もよい**感謝する**の介入の1つは，**感謝する**のリストである。さまざまなリストの作り方があるが，PATではその日ごとに感謝を抱いたリストを継続して作っていってもらう。手はじめに，エクササイズ7.2を活用するよう伝える。エクササイズ7.2にある**感謝する**のリストは，ワークブックと本書の付録にある。クライエントに，昨日感謝したこと（その前日とは違うこと）を5つ記録してもらい，その前後の感情を評定してもらう。

クライエントはここで苦戦するかもしれない。そうであれば，**銀の光を見つける**を使って，昨日あったポジティブなことを見つけてもらう。クライエントが苦戦し続けるようであれば，銀の光は大きなものである必要はなく，小さくて，ちょっとくだらないとすら思えるものでもよいことを改めて伝える。

クライエントが，昨日あった**感謝する**を5つ見つけた後は，それをエクササイズ用紙に記入し，もう一度，感情の評定をしてもらう。それから，このスキルを実践したときに気づいたことを話し合う。その際，背景にある理論を確認する。最終的に，クライエントは毎週，少なくとも35の固有の**感謝する**を実践することになる。感謝について考え，その積み上がったリストを見直すことは，感情を改善するために有用な方法である。感情の評定を通して，このスキルの有用性にクライエントが気づいているかについても確認する。

## ホームワーク

ホームワークとして，感謝の気持ちを抱いたその日にあったことを具体的に5つ記録してもらい，エクササイズ 7.2 に記入してもらう。**感謝する**の実践をする特定の時間帯を決め，スマートフォン等にリマインダーを設定しておくのもよいだろう。このような工夫は，クライエントが毎日実践にとり組める可能性を高め，習慣になることを助ける。

## 事例

### 事例 #1

この事例では，**感謝する**を見つけることに苦戦するクライエントにどう対応するかが描かれている。

T：それでは，練習からはじめてみましょう。昨日あったことで，感謝していることを5つ書いてみてください。

C：わかりました。ですが，何もないと思います。昨日は結構最悪な日でした。

T：昨日は大変な日だったんですね。いったん，頑張って書いてみて，その後，昨日のことについて話してみるというのはどうでしょうか。

C：わかりました。（考えながら，鉛筆をいじり，1分もしないうちにあきらめる）わかりません。何も思いつきません。昨日がどれだけ最悪だったかについて，ずっと考えてしまいます。家から閉め出された後に，弟がスペアキーをもってくるまで2時間もかかったことが信じられないんです。ただ外に座っていて，退屈でたまりませんでした。そして，途中から雨も降ってきました。

T：本当に大変だったようですね。そのことで頭がいっぱいになっていることも，よくわかりました。

C：うーん，そうですね。

T：もう少しマシな日から練習してみたら，少しとり組みやすいでしょうか。今週の中で，昨日よりもマシだったと思える日はありましたか？

C： 今日は大丈夫です。

T： それはとてもいいですね！ それでは，今日からはじめましょう。今日のことで，感謝できそうなことを，少なくとも１つ挙げるとしたら，どうでしょうか。

C： （数秒考えてから，あきらめる）本当にわかりません。

T： まだ考えはじめて１分も経っていないかと思います。もう少し時間をかけてみて，少なくとも１つは感謝していることを考えてみましょう。

C： わかりました。（数分考えて）今日，家から閉め出されなかったことには感謝しているかもしれません。

T： それはいいですね！ それでいきましょう。そのことを，今日感謝する項目として書いてもらえますか？

C： あぁ，わかりました。

T： 他にありますか？

C： 本当に思いつきません。

T： 行き詰まってしまったときは，銀の光を見つけるワークを試してみるのも役に立つかもしれません。

C： どのような状況を選べばいいですか？

T： 今日あったことでもいいですよ。より具体的な状況にするとしたら，今のこの状況でもいいですよ。

C： わかりました。では，今のこの状況に関してやってみます。

T： すばらしいですね。

C： そうですね，銀の光の１つは，こうして話ができることです。話していると，気分がよくなることが多いです。もう１つの銀の光は，新しいことが学べることです。あと付け加えるとしたら，今日は時間通りに来れたので，セッションを頭から終わりまで全部受けることができました。

T： どれもすばらしいですね！ これで，今日の**感謝する**の項目が４つ見つかりましたね。

C： なるほど。そうなんですね，銀の光も，**感謝する**を実践することになるのですね。

T： その通りです。

C： わかりました。でも，他には何も思いつきません。

T：行き詰まったときに役立つもう1つの方法は，自分がもっていて，他の人がもっていないかもしれないものを考えてみることです。それは，基本的なものでよいのです。例えば，住む家があることや食べ物を買うお金があること，目が見えること，耳が聞こえること，話せること，歩けること，両腕が使えることなどはどうでしょう。

C：なるほど，ポイントはつかめました。つまり，今日書き出すことができる項目は，5つよりもずっと多くあるということですね。

T：あります。そして今日から1週間かけて私たちがとり組むのは，感謝の気持ちを引き出していくために，感謝できることに気づけるようになる，脳の訓練をしていくことです。

C：なるほど，わかってきたような気がします。

T：すばらしいですね。


## 事例 #2

この事例では，ホームワークとしてとり組むことになった課題に苦戦するクライエントに対してどう対応していくかが描かれている。


C：今週は少しだけホームワークにとり組みました。とり組もうという気持ちはありました。

T：よかったです。とり組んだ結果を見てみましょう。

C：**感謝する**の実践を2つやってみましたが，その後あきらめてしまいました。

T：なるほど，そこで何が起こったかについては，話して整理していきたいですね。今週のエクササイズ用紙を見せてもらえますか？

C：はい，これです。

T：金曜日には，3つの感謝の項目を書いていますね。次の日は2つで，その後は何も書かれていない状態ですね。

C：はい。とり組めなくてすみません。

T：大丈夫です。ここで何が起きていたのでしょうか？

C：金曜日は，**感謝する**を5つ見つけるのにとても苦労しました。そして土曜日に，金曜日とは違う感謝する項目を考えなければいけなくて，余計難しく感じてし

*127*

まいました。なので，それ以降の感謝の項目についてはあきらめてしまいました。

T：とても頑張られたのですね。もしかすると，この課題は，最初の課題としては少し難しすぎたのかもしれませんね。

C：そうかもしれません。

T：わかりました。では，とり組みやすくなるようにしましょう。時間をかけて，1日に5つの感謝する項目にとり組んでいきましょう。

C：5つという数字には何か特別な意味があるのですか？

T：（微笑んで）いいえ，実際には，1日に5項目までとり組む必要はありません。これは，ポジティブに気づく訓練のために設定されているものです。金曜日と土曜日には，2つか3つの項目を見つけることができているので，まずは1日に2つ，その日に固有の感謝を見つけるところからはじめてみましょうか。

C：それならできると思います。基本的には，前日とは違う**感謝する**を，1日に2つずつ見つけないといけない，ということですよね。

T：その通りです。それでは，今回のセッションで実践してみましょう。覚えている範囲でいいので，先週のうちの何日間かで感じたことのある感謝を2つ書き出してみましょう。昨日からはじめましょうか。昨日実践した，**感謝する**を2つ教えてください。

C：わかりました。えっと，夫が夕食を作ってくれたことに感謝しています。おかげでストレスが和らぎました。

T：いいですね。書いておきましょう。他にありますか？

C：その日の朝，長めの散歩に行く時間が作れたことも，とてもありがたいなと感じました。

T：いいですね。では，水曜日はどうでしょうか？　その日に実践した，**感謝する**を2つ挙げるなら？

C：上司が，私が書いた報告書に対してポジティブなフィードバックをしてくれたことです。彼が，時間をとってそんなフィードバックをしてくれたことに感謝しています。あと，報告書を書き直す必要がなかったこともありがたかったです。

T：すばらしい。その前の日についても，同じように見つけられそうか，やってみ

ましょう。

C：火曜日ですか？　結構前のことですね。うーん，あまり覚えていません。何を
していたかも覚えていません。日中は仕事に行って，午後は特に何もしていま
せん。特に思いつくことはないです。もしかしたら，大きな出来事がなかった
ことについても感謝ができるのかもしれません。

T：おっしゃる通りです。そこまでにしておきましょう。ホームワークにとり組め
そうな気はしてきましたか？

C：はい。とり組めそうです。

T：今週は，そのようにとり組んでみてもらえそうでしょうか？

## 事例　#3

　この事例では，課題にとり組むことにかなり苦戦をしており，自分には感謝
できることが何もないと感じているクライエントと，**感謝する**のスキルをどう
実践するかが描かれている。

T：**感謝する**の実践をしてみましょう。エクササイズ用紙に，昨日実践した**感謝す
る**を5つ書いてみてください。ただ，その前に，現在の感情を0から10まで
で評価してみましょう。

C：わかりました。今の感情は10段階中の4かな……（書きながら）感謝している
5つのこと……何も思い浮かびません。うーん，わかりません。気分も，やっ
ぱり10段階中2かもしれません。

T：この実践を考えると，落ち込んでしまうようですね。

C：そうですね。

T：今どんなことを考えていますか？

C：今，感謝するようなことはないと思います。無職ですし，生活費を払うのが
やっとです。友達もいないし，妹は口をきいてくれません。母の期待に応えら
れることもないですし，父は私のことを気にかけてくれません。

T：たくさんのことを考えていらっしゃるんですね。今おっしゃっていただいたこ
とを考えていたら，気分が落ち込んでいくのも無理はないですよね。

C：はい。

T：生活の中で，特に最近，大きな苦悩があったようです。それは否定しようもない事実だと思いますし，それを認めることも重要です。それと同時に，その苦悩にとらわれたり，引きずってしまうことはつらいことですよね。そのようなネガティブな経験を引きずっているような感覚はありますか？

C：そうかもしれません。

T：よくあることなのでしょうか？

C：はい，いつもそんな感じです。

T：そのように私も感じました。実際に，そのような状態になっていることが，ここに来た主な理由でもありますよね。過去のことを引きずってしまっていて，大きな落ち込みにある。

C：その通りです。

T：ですので，PATでは，何か違う方法を試してみようと思っています。新しいことにとり組んでみたい気持ちはありますか？

C：はい。

T：私たちは，毎日感謝できることに気づけるようになるために，頭の中をほぐしていく練習をしていきます。気分をよくするために，それが効果的なことは科学的に何度も検討されています。

C：なんだか，銀の光を見つけるワークのようですね。

T：よく似ています。実際，銀の光を使って，**感謝する**を見つけていけます。

C：そうなんですね。

T：銀の光のように，感謝は大きなものでも，小さなものでも，くだらないものでもいいんです。今日，感謝できるような小さなことは何でしょう？

C：まだよくわかりません。

T：大丈夫です。**感謝する**を見つけるうえでとても役立つのは，他の人がもっていないようなもの，あるいは自分が以前はもっていなかったもので，今自分がもっているものを考えてみることです。

C：例えばどんなものがありますか？　他の人は，自分がもっていないものをたくさんもっているような気がします。

T：たしかに，自分にはないものをもっている人もいるでしょう。例えば，基本的な身の周りにあるものを考えてみましょう。人間の基本的な欲求や富にはどん

なものがありますか？

C： 空気や食べ物，住む場所と水とか？

T： いいですね。その4つは，今日感謝できることですね。きれいな空気を吸えて，きれいな水を飲める。食べるものもあるし，住む場所もあります。

C： それはそうですね。

T： 私たちは，こうした基本的な富を当然だと思っていることがあります。例えば，すべての人が五体満足で，見たり聞いたりすることができるわけではありませんが，私たちはそのことを忘れてしまいます。そうしたことも感謝できることかもしれません。

C： なるほど。

T： そのようなことからはじめてもいいかもしれません。くり返し実践するうちに，毎日感謝できることに気づけるかもしれません。例えば，散歩中に野生の植物や動物がたくさんいることに気づき，それをありがたいと思うようになるかもしれません。あるいは，家を出る前にパソコンで調べ忘れたことがあったとして，家に帰らなくても携帯で調べられることに感謝するかもしれません。

C： はい，わかってきました。今日，私が感謝できることの1つは，セラピーに来れたことです。

T： （微笑んで）その調子です。

## トラブルシューティング

**感謝する**のスキルでよくある困難は，感謝するようなことは何もないという反応である。多くのクライエントは，大きな苦悩を抱え，落ち込んでいる。そのことを認めながら，感謝できる小さなことに目を向けて，一緒に実践することが重要である。**感謝する**のリストに基本的欲求や機能を加えることで，クライエントは感謝すべきことが常にいくつかあると気づけるだろう。例えば，まだ生きていること，見たり聞いたりできること，歩けること，腕が使えること，セラピーを受けたり医療を受けたりできること，住居があること，食費が払えること，支えてくれる人がいること，などである。このような例はたくさんある。クライエントが創意工夫できるよう支える。また，**銀の光を見つける**スキ

*131*

モジュール2　PATのスキルセット

ルに立ち返ることも役立つ。

　他のよくある困難は，感謝していることを毎日5つ見つけるのに苦労することである。1日に行う**感謝する**の数はクライエントに合わせて調整できる。もしクライエントが1日に5つ特定するのに本当に苦戦しているのであれば，1つか2つからはじめて，そこから積み上げていくこともできる。

## 与える

### 背景

　**与える**（*Generosity*）[*4]とは，見返りを期待することなく，自らの意思で与える行為のことである。与えることは，形あるものと捉えられがちであるが，それに限定されるものではなく，自分の時間やエネルギー，知識，その他の資源を与えることでもある。

　おそらく人類が誕生したときから，人間は他者を想い，利他的な行動をとってきた。実際に，社会学の研究によると，与える行為は文化を超え，年齢層を問わずみられることがわかっている（Aknin et al., 2015）。しかし，文化や歴史を超えて人間が惜しみなく他者に与えるという寛大な（generous）行為をする理由については，理論的な理解にとどまっている。与える行為によってパートナーを得やすくなり（Hamilton, 1963），自分の評判を高め（Bénabou & Tirole, 2006），援助を受けられる可能性を高める（Trivers, 1971）という理論もある。

　必要なときに確実に援助を受けられるように，人間は他者に与える行動をとるように進化したという説を支持する重要なエビデンスがある。現在の研究では，他人のためにお金を使うことは幸福度の増加を予測し（Dunn et al., 2008），幸福な人ほど，親切な行為をすることが実証されている（Otake et al., 2006）。さらに，与える行為は社会的に伝染することがわかっており（Tsvetkova & Macy,

---

　＊4　Generosityの一般的な日本語訳は「寛大さ」「寛容さ」「気前のよさ」「惜しみなさ」であるが，ここではPATでとり組む内容を考慮し「与える」と表現している。ただし，文脈によって「寛大さ」という表現を敢えてとっている場合もあり，その場合は「与える」と同じ意味として理解されたい。「与える」に限らず，日本語訳ではPATのスキルを簡潔な動詞で表現し，クライエントが直感的にも理解できるように心がけた。

2014），与えられた経験をすると自らも与えるようになる。

　与える行為は，ネガティブな結果をもたらすリスクから身を守ることにつながることが示唆されている（Layous et al., 2014）。また，ある研究では，日常的な社交的な行動は，ストレスが感情に及ぼす影響を調整することも示されている（Raposa et al., 2016）。多くの研究において，与えることとポジティブな結果との関係性が示されている。特に，与えることがボランティアの形をとっている場合により強い関連がみられている。ここでいうポジティブな結果には，ポジティブ感情（Aknin et al., 2015; Otake et al., 2006）やウェルビーイングの増大（Borgonovi, 2008; Thoits & Hewitt, 2001），死亡率の低下（Musick et al., 1999; Oman et al., 1999），うつの低減（Musick & Wilson, 2003）が挙げられる。

　PATにおいて**与える**は報酬の獲得，あじわうこと（liking）や，報酬学習を標的としている。メカニズムに関連する研究として，オキシトシンレベルの調整（Zak et al., 2007），背外側および背内側前頭前皮質機能の低下（Christov-Moore et al., 2017），およびMDMAの投与（Kirkpatrick et al., 2015）が**与える**行為を強めることが示されている。

## 実践法

　基本的には，セッションの中で**与える**行為を実践することは現実的ではない（例外として，友人に何か手伝いをできるとテキストメッセージを送ることはできる）。そのため，セッションでは，次の週にクライエントができる**与える**行為のリストをくまなく作成することに充てる。

　**与える**は形あるものである必要ないことを伝える。創意工夫をすれば，**与える**は金銭的なコストがかからず，時間やエネルギーに制約されることもない。例えば，時間やエネルギー，知識，その他のリソースといった形をとることができる。また，他人に対してである必要はなく，自分自身や動物，世界に対しても与えられることを，クライエントと話し合うことが重要である。

　ワークブックと本書の巻末にある付録の，エクササイズ 7.3「**与える**」を使って，**与える**行為のリストを作成してもらう。これらの行為には，物質的なものと，非物質的なものの両方が含まれるようにする。10 項目から 20 項目が適量であり，クライエントにはこのリストに項目を追加し続けるように促す。報酬

モジュール2　PATのスキルセット

学習を深めるために，**与える**行為の前後で自分の感情を評定するように指示し，とり組んだ結果，感情がどう変化したかに気づくように求める（つまり，行動がよりポジティブな感情を生み出したと気づけるようにする）。

## ホームワーク

ホームワークとして，次回までに**与える**3つの行為を実践してもらう。実践にとり組む日程とともに，エクササイズ7.3「与える」用紙に記録してもらう。事前にこうした行為にとり組むスケジュールを決めることは，クライエントが実践する可能性を高める。それぞれの与える行為に対して1枚の用紙を使用する。

## 事例

### 事例　#1

この事例では，**与える**ために十分な時間やリソースがないことを恐れるクライエントにどう対応できるかが示されている。

C：与えることは本当に大切なことだとわかります。もっと寛大でありたいとも思います。でも，今以上に寛大にはなれないような気がします。私は悪い人間なのでしょうか？

T：とんでもない。今以上に「与えられない」というのは，どういうことなのか話してみましょう。

C：うーん，できないと思ってしまいます。そうなりたいと思います。本当にそうなりたいのですが，すごく疲れていて，お金もあまりないですし，よくわかりません。

T：誰かに与えられるものが何も残っていないように感じられるのでしょうか？

C：はい，その通りです！　時間を分けてあげたいけど，すでにとても忙しいです。お金もあげたいけど，老後のためには貯金することも大事です。また，同僚を手伝ってあげたいとも思いますが，私自身がすでに疲れ切っていると感じています。

T： 今おっしゃっていただいたことはとても納得できます。実際，多くの人が同じように感じていると思います。自分には与えられるものが残っていなくて，そのために与えることを恐れるんです。

C： そうです，それが私です。

T： 一般的な「与える行為」を考えると，確かに与えられるようなものをもっていないと考えるのも自然だと思います。人に与えられるようなお金はないし，誰かの引っ越しを手伝う時間はないかもしれません。あるいは，友人に電話してその日にあったことに耳を傾けるには疲れすぎているかもしれません。

C： 私だけではないんですね。

T： もちろんです。人にはみな，限界があります。

C： それを聞けてほっとしているのですが，同時に，自分が寛大になれないことにがっかりします。それに，その結果として自分にとってよいはずのことも実践できないのであれば，なおさらです。

T： よいニュースがあります。それは，「与える」を別の角度から見てみることで，誰でも，今よりも寛大になれるということです。普通，人は「与えること」をお金や物理的な援助，時間や労力のことだと捉えがちです。

C： 私もそう思っています。

T： そう思うのは当然だと思います。一般的には「与える」がもつ意味は狭いものです。しかし，「与える」ことは何も限定して考える必要はありません。時間や物理的な援助，物，お金に加えて，知識，アドバイス，フィードバック，認めること，笑顔，愛，気遣い，思いやり，そして共感といった形でも「与える」ことができます。

C： 他の方法を考えたことがありませんでした。

T：「与える」は，他人，自分自身，動物，あるいは世界全体に対することでもあります。誰でも，何でも，「与える」の受け手になることができます。このように，「与える」の可能性は無限なのです。

C： よくわかりました。

T： それでは，今週とても忙しくて，疲れていたとしてもできそうな「与える」の例を１つ考えてもらえますか？

C： 娘を抱きしめるとか，同僚に微笑むとかであれば，できそうです。

*135*

モジュール2　PATのスキルセット

T： よいアイデアですね。

C： 大すきなガーデニングをするのもよいかもしれません，それはこの世界に何か
　　返すことにもなるかもしれないので。

T： その通りですね。

C： 環境に優しい選択をすること，例えば，いつも使っているものの代わりに，環
　　境に優しい製品を買うことも，その1つの例になりますでしょうか？

T： もちろんです。「与える」には数え切れないほどたくさんの形がありますし，そ
　　れを実践する個人によって見方が異なるものです。

C： はい，よくわかりました。

## 事例　#2

　この事例では，**与える**行為が受け入れられないことを恐れて，寛大になるこ
とを避けているクライエントに対応する様子が示されている。

C： またホームワークができませんでした。すごく難しかったです。

T： では，ぜひそのことについて話をしましょう。「与える」のホームワークですね。

C： そうです。母のために料理をして，それを届ける課題でした。

T： そうですね。何が難しくさせたのでしょうか？

C： わかりません。ただ，すごく難しかったのです。

T： 料理する時間が足りませんでしたか？　それとも，誰かのために料理をするこ
　　とを，負担に感じたのでしょうか？

C： いいえ，そのどちらでもありません。実際に食事を作るところまではできて，
　　母を驚かせようと玄関を出るところでした。

T： そこで何が起きたのでしょうか。

C： そこで，以前，母に親切にしたときのことを思い出したのです。

T： 親切をしたとき，何が起きたのでしょうか？

C： 母は興味なさそうにしていました。また同じことになると思いました。

T： 「与える」ことを，よいものとして受けとめてくれないことを恐れたのですね。

C： そうなんです。数か月前も，母のガレージを片付けようとしたのですが，母は
　　「ありがとう」とも言いませんでした。気づいたのかどうかもわかりません。

第 7 章　ポジティブを積み重ねる

T： それはとても悔しいですし，傷つきますね。

C： そうなんです。せっかく頑張ったのに。少しでも，認めてほしかったです。

T： 与えていることが気づかれなかったり，感謝されなかったりすることに傷つく
のは，誰でも経験することです。「与える」ことは自分のもっている資源を提
供することですので，まさにそうすることで弱ったり疲れたりして，脆い状態
になるわけです。

C： 脆さを感じることが大きらいです。

T： たいていの人はそうだと思います。人は，自分をさらけ出している感覚や，傷
つく可能性があると感じることをこのみません。

C： そうですよね。

T： 同時に，目標を達成するために，脆さを感じなければならないこともあります。
例えば，PAT をはじめたばかりのころに，人と関わる活動のスケジュールを計
画することに弱さや脆さを感じていましたが，そうしたことにとり組むことで，
多くの友人関係を築くことができましたよね。

C： そうですね。

T： 同じように，自分の脆さや傷つきは，与える行為をすることの副作用ともいえ
るかもしれません。ですが，その甲斐として，気分がよくなったり，誇り，愛，
思いやり，誰かの幸せを喜ぶことのような，よりポジティブな感情を感じられ
るようになる可能性があります。

C： そこまでの価値があるのでしょうか。

T： 人と関わる活動の計画の際も，同じようなことをおっしゃっていました。（微
笑んで）あの活動に価値はありましたか？

C： ありました。やってみようと思います。ただ，それは，与えるたびにイヤな思
いをしなければいけないということでしょうか？

T： 「与える」ことについての見方を変えるだけで，感謝されなかったときの傷つ
きが軽くなると思います。

C： どうしたらいいのでしょうか？

T： 「与える」は「見返りを期待せずに与えること」と定義したことを思い出して
みてください。寛大な行いは，その結果が重要なのではなく，活動そのものが
重要であることがわかるでしょう。目標を達成するために何かをするのではな

*137*

モジュール2 PATのスキルセット

く，とり組むことが重要だからするのです。その1つの例が，毎日の散歩です。毎日ウォーキングをしているのはダイエットのためではなく，自分にとって重要だから毎日ウォーキングをしているのですよね。

C： その通りです。わかってきたような気がします。

## トラブルシューティング

**与える**エクササイズにおいて，クライエントにおいて最もよくみられる懸念は，寛大な行為をするために十分な時間やリソースがないことである。このような懸念はよくあることであると認めながら，**与える**エクササイズにおいて自分のリソースを使用する必要はほとんど，あるいはまったくないことを説明する。**与える**行為には，誰かに微笑みかけることや，ポジティブな思考，アドバイスすること，積極的に話を聞くこと，誰かに何かを貸すことなどが含まれる。これらは他人やペット，世界に対するものでもよい。さらに，自分のためのケアである場合もある。他人のために尽くしすぎることはよくある一方で，自分自身に十分に与えられなくなる場合も多いことを伝える。このような場合，与える行為は自分自身に向けるべきである。

よくあるのは，何かを与えても感謝されないのではないかという懸念である。これは実際によく起こることでもあるし，同時に，他人の行動をコントロールできないことを再確認してもらうよい機会ともなる。また，感謝されるかどうかにかかわらず，**与える**行為そのものに利点があるという研究結果を説明する。それでもなお，クライエントが感謝や評価をしてもらえないことで行き詰まっている場合は，相手からの感謝を求めずに与えることと，相手からの感謝を要求しながら与えることの違いに目を向けて話し合うようにする。後者のような期待は，後悔や憤りの感情につながる可能性が高い。

## 誰かの幸せを喜ぶ

### 背景

**誰かの幸せを喜ぶ**（*Appreciative Joy*）とは，他者の成したことから生まれる

138

第7章　ポジティブを積み重ねる

ポジティブな感情体験のことである（Grossman, 2015; Zeng et al., 2017）。また，そのような感情を生み出すことを意図した実践でもある。**思いやりいつくしむ**と同様に，**誰かの幸せを喜ぶ**は東洋の宗教的な実践を起源としており，仏教文化における四無量心の1つとして認識されている[*5]（Grossman, 2015）。

この実践では，他の人にとってよい運が続いていくようにとポジティブな思いを向けて，その際に浮かんでくる感情・思考・身体感覚に気づくようにする。**思いやりいつくしむ**とは異なり，クライエントは最近に幸運なことがあったり，何かを達成した人のことを思い浮かべ，その幸運が続いたり，もっとよいことが起こるようにと思いを向けることからはじめる。

**誰かの幸せを喜ぶ**がメンタルヘルスの向上に有効であることを示すエビデンスも存在する。例えば，誰かの幸せをより多く喜ぶことは，ポジティブ感情の増加，生活満足度の向上，特性としての幸福度の高さとも関連している（Zeng et al., 2017）。より一般的には，**誰かの幸せを喜ぶ**は他者や周囲とつながっている感覚を強めるとされている。

PATでは，**誰かの幸せを喜ぶ**は報酬の獲得，あじわうことを目標に計画されている。

## 実践法

**思いやりいつくしむ**エクササイズと同様に，クライエントはセッションの中でセラピストと一緒に**誰かの幸せを喜ぶ**エクササイズをする。セッションの中でボックス7.2のガイド用インストラクションを読み上げて，クライエントを導く。クライエントは，エクササイズ7.4「誰かの幸せを喜ぶ」用紙を使い，自分の感情をあらかじめ記録しておく。この用紙は，ワークブックと本書の巻末付録にある。インストラクションの音声は，Treatments *That Work*[TM]のウェブサイト（www.oxfordclinicalpsych.com/PAT）から利用できる。

---

＊5　Appreciative Joy は直訳すると「ありがたみのある喜び」となるだろう。これは，四無量心のうちの"喜心"（他者の喜びや成功を自分のものとして喜ぶ心の状態）に対応し，もともとはパーリ語の muditā が英訳されたものである。本書では，PATでとり組む内容に則して「誰かの幸せを喜ぶ」と訳した。

モジュール2　PATのスキルセット

## ボックス7.2　誰かの幸せを喜ぶ実践の進め方

　あまり気が散らない場所で，楽な姿勢をとりましょう。足を地面につけ，背筋を伸ばし，目を閉じるか，目の前の一点をそっと見つめながら，椅子に座るとよいでしょう。

　もし，気持ちが落ち着かなかったり，考えごとをしていたり，特に気が散るように感じたら，少し時間をとって吸う息と吐く息の1つ1つに注目し，呼吸に意識を向けてみましょう。息を吸ったり吐いたりしているときの身体の変化を観察してみてください。お腹が上下したり，鼻を通る空気の温度が変化したりすることに気づくかもしれません。

　準備が整いましたら，あなたのすきな人，複雑な関係にない人を思い浮かべるところからはじめましょう。その人は，あなたがとても大切にしている人やペット，あるいは遠い存在ではあるけれどとても尊敬している人でもよいでしょう。その人があなたの前に座り，微笑み，あなたを見つめているところを想像してみてください。

　その人が手にしている幸せを1つ挙げてください。その際に，どのような感情が生まれるかに意識を向けてみましょう。

　以下のような言葉をかけてみてください。これらの言葉を声に出したり，心の中で言いながら，言葉の内容に集中してみましょう。

　　あなたが幸せで満たされているのをうれしく思います……
　　あなたが成したことが，ずっとともにありますように……
　　あなたの豊かさが広がり続けますように……
　　……
　　あなたが幸せで満たされているのをうれしく思います……
　　あなたが成したことが，ずっとともにありますように……
　　あなたの豊かさが広がり続けますように……

　これらの言葉を読み上げるときに，どのような感情や身体感覚が生まれるかに意識を向けてみてください。喜びでしょうか？　微笑みでしょうか？

第 7 章　ポジティブを積み重ねる

　そして，今すぐにポジティブな感情に気づかなくても大丈夫です。
　呼吸に意識を向けてみてください。息を吸ったり吐いたりするたびにお腹
が上下していることに気づきながら，呼吸に意識を向けてみましょう。
　今度は，少し難しい人を思い浮かべてみてください。その人は，ご自身で
も，友人でも，家族でもよいでしょう。その人を決めることができたら，そ
の人が目の前に座っているのを想像してください。
　その人がもっている幸運を1つ挙げてください。その際に，どのような感
情が生まれるかに意識を向けてみましょう。その人に次のような言葉をかけ
てください。


　　あなたが幸せで満たされているのをうれしく思います……
　　あなたが成したことが，ずっとともにありますように……
　　あなたの豊かさが広がり続けますように……
　　……
　　あなたが幸せで満たされているのをうれしく思います……
　　あなたが成したことが，ずっとともにありますように……
　　あなたの豊かさが広がり続けますように……


　　さて，どのような感情や身体感覚が生まれたでしょうか？
　　最後に，そっと呼吸に意識を向けてみましょう……そして目を開けてくだ
さい。


　エクササイズの後，クライエントにもう一度自分の感情を評定してもらう。次
に，気づいた考え・感情・身体感覚についてふり返ってもらう。ポジティブな
感情や考えを抱いた場合は，**誰かの幸せを喜ぶエクササイズ**とポジティブ感情
とのつながりをふり返る。また，感情の改善があった場合は，実践したことと
のつながりをふり返る。そうすることで，エクササイズがよりポジティブな気
分につながるという学習が強化される。
　もしも，クライエントがネガティブな体験をした場合は，その理由をアセス

141

メントする。変な感じがしたり，本心ではないように感じて，不快感を覚える人もいる。もしそうなら，**誰かの幸せを喜ぶ**エクササイズの最初の数回は，そのような反応も予想されることを説明する。誰かの幸せを喜ぶエクササイズによって，ポジティブな感情よりもネガティブな感情が多く出てきた場合には，最初に難しすぎる人を選ぶと，そうしたことがよくあると説明する。時間があれば，別の，より難しくない存在（例えばペット）で，もう一度実践してもらう。それでうまくできるようなら，これはよくあることだと伝える。そして，エクササイズを重ねるにつれて，気が散ることも少なくなると説明する。

## ホームワーク

ホームワークとして，毎日，**誰かの幸せを喜ぶ**スキルを実践してもらい，エクササイズ7.4の前後のポジティブ感情を記録してもらう。クライエントは，音声を聞いたり，スクリプトを読んだり，インストラクションを録音して自分で読むのを聞いたりして実践することができる。

## 事例

事例　#1

ここでは，**誰かの幸せを喜ぶ**を導入する様子が描かれている。

T：最後のスキルは，「誰かの幸せを喜ぶ」です。これについて聞いたことはありますか？

C：いえ，ないです。幸せを……何でしたっけ？

T：（微笑んで）「誰かの幸せを喜ぶ」です。「誰かの幸せを喜ぶ」は実践であり，感情でもあります。他の誰かが体験した喜びに対して，あなたが喜びやその他のポジティブな感情を感じることです。そのような感情を育てて培うための実践でもあります。

C：育てて培う？　とはどういう意味でしょうか？

T：ここで言う育てて培うとは，成長を促すという意味です。これは実践していく

スキルで，続けていくことで，ポジティブな感情をもたらすことが期待され
ます。

C：なるほど。誰かの喜びから感じる喜びということですね。

T：その通りです。誰かがポジティブな感情を体験するのを見て，喜びやポジティ
ブな感情を感じるという経験をしたことはありますか？

C：娘が小さいころは，よくありました。プレゼントを開けて喜んだり，自転車に
乗ったり，ゴールデンレトリバーの隣に寄り添っていたりするのを見て，子ど
もがとても幸せそうにしているのを感じて，笑顔にならずにはいられませんで
した。

T：その話をしているだけで，笑顔になるようですね。

C：本当ですね，笑顔になっていました！　そうですね，間違いなく「誰かの幸せ
を喜ぶ」を経験したことがあります。ただそのような感覚に名前があるとは知
りませんでした。

T：たいていの人は，その名前を知りません。「思いやりいつくしむ」と同じよう
に，もともとは仏教における実践で，瞑想の一種として作られたものです。そ
して，「思いやりいつくしむ」と同じように，「誰かの幸せを喜ぶ」を実践する
ことで，ポジティブな感情を増やしたり，周囲とのつながりをより感じられた
りするという研究結果もあります。

C：よくわかりました。思いやりいつくしむ実践もとてもすきだったので，この実
践もすきになれる気がします。

T：よかったです。2つの実践はとてもよく似ています。今すぐ実践してみますか？

C：いいですね。


## 事例　#2

　この事例では，**誰かの幸せを喜ぶ**を実践する中で，ネガティブな感情しか感
じることのできないクライエントにどのように対応するかが示されている。


T：「誰かの幸せを喜ぶ」を初めてやってみて，何か気づいたことはありますか？

C：はぁ，うまくいきませんでした。

T：そのときの様子を詳しく教えていただけますか？

モジュール 2　PAT のスキルセット

C：やった後，イヤな気持ちになるんです。

T：なるほど，実践中にネガティブな感情がわき上がってきたみたいですね。実践中に経験したネガティブな感情に名前をつけられますか？

C：間違いなく，ねたみと……恥ずかしさですね。

T：確かに，それらは難しいネガティブな感情ですね。

C：そうですね。

T：そうですね，まずは実践の中で，何がそのネガティブな感情につながったのかを理解することが役に立つかもしれません。実践するうえで，どんな人を選びましたか？

C：子どものころからの親友です。

T：そうですか，彼の顔を思い浮かべることができましたか？

C：できました。かなり鮮明に。でも，彼に「誰かの幸せを喜ぶ」の言葉を向けはじめてすぐに，彼がもっているすべての幸運を想像しはじめて，自分がもっていないものを考えることにつながっていきました。例えば，彼には妻も子どももいて，大きな家もあって，すばらしい仕事もある。一方で私は失業中で，ワンルームマンションの家賃を払うのがやっとの状況です。私はダメな人間なんです。

T：この実践の中で，下向きスパイラルに入ってしまったようですね。

C：その通りです。

T：この実践でネガティブな感情がわき上がってくるのは珍しいことではありません。実際，ポジティブなものであれ，ネガティブなものであれ，浮かんできた感情に気づき，その感情を知ることも実践に含まれます。大切なのは，その感情を変えようとすることではなく，難しいことかもしれないけれど，それをただ観察することです。

C：そういえば，「思いやりいつくしむ」でもそうでしたね。実践をくり返していく中で初めて，気分がよくなっていることに気づくこともある。

T：その通りです。

C：でも，「思いやりいつくしむ」のほうがずっとすきでした。大体は，穏やかな気持ちになれたんです。この実践はそうはいきませんでした。

T：この実践に強く反応した理由の 1 つは，喜びや幸運が限定的なものだと考えて

144

いるからかもしれません。「与える」について話したことを覚えていますか？

C：たしか，「与える」を限定的なものだと考えると，寛大になるのは難しい。しかし，「与える」の可能性を無限に考えることができれば，何かを与える方法を見つけられるようになる，でしたよね。

T：おっしゃる通りです。今話していただいたことは，とても的を射ておられます。「誰かの幸せを喜ぶ」も同じです。他人の幸運が自分の幸運に影響するわけではないと考えれば，他人の喜びや幸運に対してポジティブな感情が生まれやすくなります。

C：いつかは，私も自分の家をもち，家族をもつことができるかもしれない。そしていつか，仕事につけるかもしれない。

T：その通りです。また，誰かの幸せを喜ぶ実践を通してねたみの感情が出てきたときは，感謝するスキルが役に立つかもしれません。

C：なるほど。私にも感謝すべきことはたくさんありますからね。

T：それでは，もう1つやってみましょう。その友人は，最初の実践には難しかったのかもしれません。次の実践には，あまり難しくない人を選んでみましょう。相手が喜んでいると，自分も喜びを感じずにはいられないような人やペットはいますか？

C：私の犬です。興奮すると，とても面白いんです。走り回ったり，飛び跳ねたり，顔を舐めたりします。喜んでいる姿を見るのが大すきです。

T：すばらしいですね。では，次の実践の相手はその犬でやってみましょう。

## トラブルシューティング

　**誰かの幸せを喜ぶ**スキルを習得する上で最もよくみられる懸念は，ネガティブな感情を経験することである。クライエントは，ねたみや怒り，悲しみ，苛立ちなどの感情を報告するかもしれない。これらは自然な反応であり，実践のために特定した人がさまざまな理由で"難しい"人であればなおさらである。まずは，クライエントの反応に対するノーマライズが重要となる。セッションに十分な時間が残っていれば，とり組みやすい相手（例えば，ペットや観葉植物，かつてすきだった先生や恩師など）を選ぶように促し，もう一度実践し，違う

感情が生じるかを確認するのもよい。最後に，ポジティブな感情を経験するまでには，何度も（数週間から数か月も）実践をくり返していくことが必要になることが多いと説明する。

他のよくある反応としては，（**思いやりいつくしむ**エクササイズと同じように）変な感じや本心ではないといった感覚である。それも自然なこととして認め，時間を追うごとにそのような感覚は消えていくことを説明する。また，**誰かの幸せを喜ぶ**エクササイズの中で用いる言葉を，クライエント自身の考えや感情をよりそのままに反映する言葉に変えるのもよいだろう（例えば，「あなたが元気でいてくれてうれしい」）。

自分の人生には複雑でない人はいない，あらゆる人からネガティブな感情が喚起されると言うクライエントもいる。そのような場合は，ペットや観葉植物，あるいはもう交流のない過去の人物を相手に，これらの実践ができるかどうか試してみる。

モジュール3

# PATで得られたこと／再発予防

# 第8章

――――― ワークブック第8章に対応

## 旅を続ける

準備するもの
目標
ワークブック第8章の要点
鍵となる概念
得られたことをふり返る
実践を続ける
困難な時期や障壁への対処
事例
トラブルシューティング

## 準備するもの

- エクササイズ 8.1「進展のチェック」(すべてのエクササイズは,ワークブックと本書の巻末付録にある)
- エクササイズ 8.2「長期目標」
- エクササイズ 8.3「学びを維持する」
- エクササイズ 8.4「壁を乗り越えていく」

## 目標

- 最後のセッションの内容をふり返り,質問に答える。
- 学んだことを確認し,ふり返る。
- 長期的な目標をふり返る。

第 8 章　旅を続ける

- 継続的な実践の障壁について話し合い，対処する。
- 「ハイリスク」時期の対処法（再燃と再発）について話し合う。

## ワークブック第 8 章の要点

- 学んだことを維持するためには，継続的な実践が不可欠であることを示唆するエビデンスがある。
- 長期目標を明確にすることで，PAT 終了後の継続的な実践が促進される。
- 壁を乗り越えていく計画を立てることで，継続的なスキル訓練をさまたげる状況を予測し，対処できる。
- 再燃とは一時的に症状がぶり返すことであり，再発とは PAT 前の状態に戻ることである。リスクの高い時期や誘因は，再燃／再発を促進する。それらに気づいて対処計画を立てておくことで，再燃／再発の可能性を減らすことができる。

## 鍵となる概念

　この章では，PAT の終結に向けて準備してもらう。最後のセッションでは，クライエントの進展をふり返り，長期目標を確認し，学んだことを維持して困難な時期に対処する戦略を確認する。PAT で学んだことを維持し，さらに向上させるために，"実践を続ける"ことの大切さの認識を強化する。障壁を確認することは，クライエントが困難な時期に対処するのに役立つ。再燃と再発の違いについて伝え，ポジティブ感情サイクルと上向きスパイラルを維持するために，継続的な実践とストレスのきっかけに気づく利点を強化する。

　クライエントにとっての目標は以下となる。

- 一人で実践するプロセスを開始する。
- PAT で学んだことと長期目標をふり返り確認する。
- 困難な時期や障壁にどのように対処するか計画を立てる。
- 再燃と再発の違いを理解し，対応する。

*149*

モジュール3　PATで得られたこと／再発予防

## 得られたことをふり返る

　PAT終了時のクライエントの反応はさまざまである。最後のセッションを心待ちにする人もいれば，不快感や恐怖さえ覚える人もいる。それが自然なことをクライエントに伝える。ほとんどのスキルがそうであるように，私たちは誰かのサポートを得て学んでいくので，そのサポートや支援者の存在なしに続けるのが怖くなることもある。「自分一人ではできない」，「セラピストの助けがないと再発する」，「まだ習得していないスキルがある」など，感情症のある人によくみられるネガティブ思考に注意する。本章は，クライエントが成功を自分のものとして熟達感を確認することで，ネガティブ思考に立ち向かえるように作られている。最後のセッションの少なくとも2週間前には，PATが終わりに近づいていることをクライエントに伝えることが重要である。PATの終了は，一人で実践を続けるはじまりを意味する。それは決して，学びや継続的な改善の終わりを告げるものではない。

　最後のセッションでは，PATを終えたクライエントを褒めることからはじめる。この数か月間で踏み出した一歩や努力について，少し立ち止まり，気づき，認識するのを手伝う。クライエントには，自分の成果を自分のものとし，自分自身を褒めるよう念を押す。その際，ポジティブ感情について尋ねてみる。誇りや興奮，そして，自分でやりとげたという感覚を感じているだろうか？　PATの成果をあじわってもらおう！

　次に，クライエントの進展をふり返り，習得したスキルと，さらに努力が必要なスキルを判断する。エクササイズ8.1「進展のチェック」の質問をふり返りながら，進展が直線的であることはめったにないことをクライエントに覚えておいてもらうようにする。

　クライエントに感想を聞くよりも，質問票の毎週の得点によって客観的な変化を検討することで，進展を正確に評価できる。得点の変動は混乱を招き，不快に感じるかもしれないが，よくあることであり，予測されることであると説明する。データはクライエントの人となりを示すものではなく，進展に関する1つの情報源であり，それがどう役立つかを話し合う。PATは何もない状況で

*150*

第8章　旅を続ける

行われてきたものではないことを思い出してもらう。つまり生活環境，健康状態，社会の変化があり，それらが感情に影響する。PATで得たもの（ポジティブ感情の増加とネガティブ感情の減少）は，これからの人生において起こるさまざまな環境や状況から受ける内的・外的な影響を和らげるのに役立つだろう。

PATに費やした努力（エフォート）とエネルギーを自分のものとして受け止めるよう促す。進展はこれからも続く継続的なプロセスとして捉えるよう伝える。次に，学んだスキルを維持し，向上させる戦略を考えていく。

この時点で，エクササイズ8.1の質問を実施する。このエクササイズは，ワークブックと本書の巻末付録にある。

エクササイズ8.1「進展のチェック」の項目1・2について大幅な改善を認めれば，クライエントの努力と成果を称える。そして，すぐ下の「継続的な実践」のセクションに進む。

クライエントが項目1・2の改善を認めなければ，項目4から12までの回答を確認し，学びを深めるためにどのスキルにとり組んでいくかを特定する。

## 実践を続ける

PAT後の継続的な実践を促す効果的な方法は，エクササイズ8.2「長期目標」に示すような長期目標リストを作成することである。このリストはワークブックと，本書の巻末付録にある。クライエントに以下の質問について考えるように促す。

- PATの目的は何でしたか？
- なぜ気分を改善させたかったのでしょうか？

具体的なステップを書き出すことで，計画性と主体性が生まれる。目標リストには，学んだスキルのうち少なくとも1つを含めるようにする。例えば「よい親になる」，「友人との関係を育み続ける」，「積極的に身体を動かす」などである。

次に，エクササイズ8.3「学びを維持する」を使って，3つのスキル領域，す

151

なわち「ポジティブへと行動する」,「ポジティブに目を向ける」,「ポジティブを積み重ねる」のそれぞれにおいて,具体的な実践を通してPATで学んだことを維持する方法を考える。例えば,友情を育み続けるためのポジティブな活動として,週に1回友人に電話するなどがある。このエクササイズはワークブックと,本書の巻末付録にある。

## 困難な時期や障壁への対処

　実践し続けることで,再発リスクが低下することが研究で示されている。継続的な実践という考え方は,クライエントが人生で学んできたスキルについて尋ねてみることでうまく説明できる。例えば,自転車や自動車の運転,外国語やスポーツ,スマートフォンやコンピューターの使い方をどう学んできたかについて尋ねる。運転やコンピューターの使い方を学んだ後,実践をやめたらどうなるかを想像してもらう。理論的な知識は定着しやすいが,実践的な知識は時間とともに薄れていく。スキル維持のための最も重要な時期は,学んだ直後の時期である。運転のように,学んだ後にくり返し使っておくようにいったんしておきさえすれば,第2の天性として自然に身について消えないものとなる。
　エクササイズ8.4「壁を乗り越えていく」（ワークブックと本書の巻末付録にある）に記入してもらい,学んだスキルの実践をさまたげ中断させる要因を特定できるよう支援する。以下の質問をする。

- 今後,スキルを実践していくうえで,何がさまたげになると思いますか？
- 何につまずくと思いますか？
- より難しいスキルはどれですか？
- どのようなストレスが,どのスキルの実践を難しくしますか？

　将来の障壁を予測して対処しておくことは,前進するための強力なツールとなる。クライエントに,エクササイズ用紙に3つの障壁を挙げてもらい,各障壁を避けるためにできる1つから3つの対策について話し合う。例えば,1日の中で定期的に実践する時間を確保する,スマートフォンにリマインダーを設

定する，1週間か1か月に1回ワークブックをふり返る，より難しいスキルを
実践し続ける，などである。

## 事例

この事例では，クライエントのPAT終結への恐れにどう対処するかが描かれ
ている。

C：少しは成長したと思いますが，自分一人で続ける準備ができていないと思い
　　ます。

T：確実に成長されましたね。自分一人で続ける準備ができていないと思う理由を
　　教えてもらえますか？

C：学んだスキルを忘れてしまうのではないか心配です。

T：その心配はわかります。車の運転のたとえを覚えていますか？

C：ええ，よく使っていましたよね。（微笑）

T：そうですね！　では，運転免許試験に合格して，教官に送り出されたとき，学
　　んだスキルすべて忘れてしまいましたか？

C：もちろんそんなことはないです。

T：では，その代わりにどうしましたか？

C：まあ，ただ運転を続けていたら，次第に運転が楽になりました。しだいに運転
　　の仕方がわかって，困難な状況もどうすべきかわかってきて，自信をもてるよ
　　うになりました。

T：では，そのたとえは今，PATを終えるうえでどう生かされますか？

C：そうですね，学んだスキルを実践し続ければ，もっとうまく，もっと自信がも
　　てるようになると思います。

T：学んだスキルはすべて，ワークブックに詳しく書かれていることを覚えておい
　　てください。時々，ふり返ることをお勧めします。エクササイズ用紙を見直す
　　こともできます。

C：エクササイズ用紙は毎日記入し続けるほうがよいですか？

T：人によりますが，役に立つでしょう。自分にとって何が一番効果的かは，人そ

*153*

モジュール3　PATで得られたこと／再発予防

れぞれです。型通りにやったり，日々の中でやったり，色々とエクササイズを
続けられます。日々の実践で何が一番効果的か，試してみることをお勧めし
ます。

## トラブルシューティング

　クライエントは，期待していたほど改善していないと懸念を示すことがある。
改善したことは認めるが，それを過小評価する人もいる。先に述べたように，質
問票（例えば，PANASやDASS）による客観データを用いることは，クライ
エントの改善を評価する効果的な方法である。ベースラインの重症度からの変
化が重要である。アンヘドニアの状態にあるクライエントでは，進捗の遅れが
よくみられる。この場合，「ポジティブに目を向ける」を実践する強力な機会と
なりうる。つまり，クライエントがPATにおける銀の光を見出し（**銀の光を見
つける**），学んだことへとどう役立ったのかをふり返り（**自分のものにするこ
と**），これからポジティブに前進していくことを想像する（**ポジティブを思い描
く**）。実践を続けることの大切さ，PATの終わりはクライエントが自らを導く旅
のはじまりであることを再度強調する。強力なツールが詰まったツールボック
スを自由に使えるというたとえは，自分への信頼，自分のものであるという感
覚，そしてポジティブさ全体を高めるのに役立つ。

　クライエントの中には，過去に何度も心理療法がうまくいかなかったり，PAT
で学んだことを信じられず，再発を恐れる人もいる。懸念する理由が何であれ，
クライエントに再燃と再発の違いや，追加の専門支援を求めるべきタイミング
について，適切に伝えることが重要である。

　新しい習慣を身につけるのは難しいことであり，特に古い習慣が自然と身に
ついている場合はなおさらである。まずはこれを伝える。古い習慣に戻る瞬間
があるのは自然なことだと説明する。大事になってくるのは，ストレスの多い
時期である。また，健康的な食事や運動など新しい習慣を身につけたとしても，
締め切りに追われているときや風邪から回復した後など，続けるのが難しい時
期や状態があるのをクライエントに思い出してもらう。そのような状態は，再
燃や脱線（スリップ）と呼ばれると説明する。それを失敗や心配すべきものと

して捉える必要はないが，無視すべきでもない。クライエントには，再燃（例えば，気分が落ち込んで毎日の散歩を数日間やめてしまったような場合）に注意し，それに気づいたら，自らをいつくしみながらスキルを実践し続けて，また一歩ずつ進めるようアドバイスする。そうすることで，学んだことは確実に維持されるようになるだろうし，クライエントはコントロール感を得て勇気づけられるだろう。

　再燃（lapses）と再発（relapses）は異なる。再燃は一時的なポジティブ感情やネガティブ感情の変動であるが，再発は数日から数週間かけてPAT前の状態に戻ることを指す。感情の評定日記をつけることは，再燃と再発を区別する効果的な方法である。定期的に実践し続けることと，障壁への対処法を見直しておくことは再発のリスクを下げる。しかし，長い間，無症状であったとしても再発は起こりうる。ブースターセッション実施の有無について，クライエントと話し合う。実施しない場合は，地域の医療機関の紹介リストを提供しておく。助けを求めるのを遅らせないようにすること，軌道に戻すには1〜2回のブースターセッションで十分な場合もあることを強調する。

　最後に，クライエントは，学んだスキルを一人で実践し続けることを恐れたり，ためらったりすることがある。そうした場合，クライエントを運転手，セラピストを教官とする運転免許の教育モデルを用いる。セラピストは最初のうちは大きなサポートを提供するが，時間の経過とともに，クライエントが自分でセラピーを主導するようになり，セラピストが提供するサポートは少なくなっていく。運転免許試験に合格した後も，教官が運転手と一緒にどこへでも行くとしたらどうだろうか？　セラピーの終了後も成長は続いていくだろうし，困難だってあるものだろう。学んだスキルを実践し続ければ，たいていの困難には適切に対処できるようになると保証する。

## 付　録

付録には，エクササイズ用紙を掲載しています。これらはワークブックにあるものと同じです。セラピスト，クライエントそれぞれで本書から拡大コピーしてもよいですし，https://www.kitaohji.com/news/n59473.htmlから用紙をダウンロードすることもできます。

## エクササイズ2.1　PATとの相性チェック

| | はい | もとめる | あじわう | まなぶ | 実践のための<br>エクササイズ |
|---|---|---|---|---|---|
| ポジティブ感情（愛，喜び，好奇心，誇らしさ，興奮など）を感じるのがむずかしいですか？ | □ | | ✓ | | 感情に言葉を<br>与える<br>（ラベリングする） |
| 日々のポジティブなことに気づくのがむずかしいですか？ | □ | | ✓ | ✓ | 銀の光を<br>見つける |
| ポジティブなことを否定しがちですか？ | □ | | ✓ | ✓ | 感謝する |
| 自分ができていることをちゃんと認めていないと言われることがありますか？ | □ | | ✓ | ✓ | 自分のもの<br>にする |
| よいことがあったら，自分のおかげというよりは，運のおかげにしていませんか？ | □ | | ✓ | ✓ | 自分のもの<br>にする |
| 将来について，ポジティブなことよりもネガティブな結果を想像しやすいですか？ | □ | ✓ | | ✓ | ポジティブを<br>思い描く |
| うれしくて，楽しくなるような活動をしなくなっていませんか？ | □ | ✓ | ✓ | ✓ | ポジティブへと<br>行動する |
| 以前は楽しんでいたり，本当なら楽しいはずの活動で喜びを感じるのがむずかしいですか？ | □ | | ✓ | ✓ | あじわう／<br>与える |
| 以前は楽しんでいた活動や，達成感につながる活動をやりたくなったり，奮い立ったりするのがむずかしいことがありますか？ | □ | ✓ | | | ポジティブな<br>活動を計画する |
| 他者とつながっている気持ち（共感，愛，思いやり）を感じるのがむずかしいですか？ | □ | | ✓ | ✓ | 誰かの幸せを<br>喜ぶ／思いやり<br>いつくしむ |

付　録

## エクササイズ 2.2　PATをはじめるタイミングチェック

|  | はい | いいえ |
|---|---|---|
| ほとんど毎日（少なくとも週に3回），練習課題にとり組める | ☐ | ☐ |
| PATにとり組むのにさしつかえるような他の治療を受けていない | ☐ | ☐ |
| PATよりも優先される症状（自殺念慮，統合失調症関連の症状，躁，物質乱用）が悪化していない | ☐ | ☐ |

*159*

エクササイズ 4.1　感情サイクルに気づく

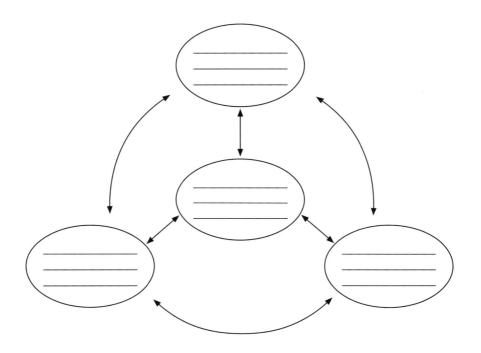

## エクササイズ 4.2 ポジティブ感情ダイヤル

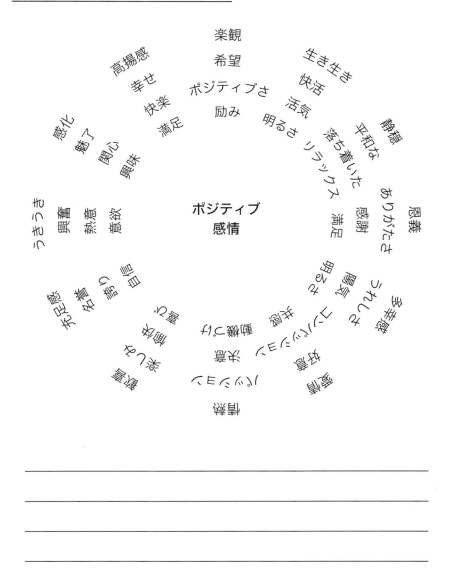

_____
_____
_____
_____

**エクササイズ5.1　日々の活動とポジティブ感情の記録**

| 日々の活動とポジティブ感情の記録 |
|---|

**エクササイズの進め方：**あなたの日々の活動を1日中モニタリングし，記録しましょう。各活動の前後で，あなたのポジティブ感情を評定してください（0＝最低，10＝最高）。あなたの活動について，今週は毎日記録してみましょう。1日ごとに「日々の活動とポジティブ感情の記録」のエクササイズ用紙を使いましょう。

今日の曜日：＿＿＿＿＿＿＿＿＿

| | 活動 | 活動前の<br>ポジティブ感情（0–10） | 活動後の<br>ポジティブ感（0–10） |
|---|---|---|---|
| 1:00 | | | |
| 2:00 | | | |
| 3:00 | | | |
| 4:00 | | | |
| 5:00 | | | |
| 6:00 | | | |
| 7:00 | | | |
| 8:00 | | | |
| 9:00 | | | |
| 10:00 | | | |
| 11:00 | | | |
| 12:00 | | | |
| 13:00 | | | |
| 14:00 | | | |
| 15:00 | | | |
| 16:00 | | | |
| 17:00 | | | |
| 18:00 | | | |
| 19:00 | | | |
| 20:00 | | | |
| 21:00 | | | |
| 22:00 | | | |
| 23:00 | | | |
| 24:00 | | | |

*162*

付　録

## エクササイズ 5.2　ポジティブな活動リスト

**ポジティブな活動リスト**

**エクササイズの進め方**：ポジティブな活動リストを見ましょう。それぞれの活動が，現在あなたにポジティブ感情をもたらすものなのか，過去にポジティブ感情をもたらしたものなのか，それともこれから試すものなのかを確認してみましょう。それぞれのポジティブ活動について，現在のものにはC，過去のものにはP，これから試すものにはTをつけてください。また，現在楽しんでいる活動，過去に楽しんでいた活動，これから楽しめそうだと思う活動があれば，追加してください。

C, P, T

_____ 風呂に入る

_____ コンサートに行く

_____ スポーツイベントに行く

_____ 友人または同僚とランチに行く

_____ バー，居酒屋，クラブ等に行く

_____ 面白い本を読む

_____ 動物とふれ合う

_____ 自然の中で時間を過ごす

_____ 映画，ドラマ，スポーツを観る

_____ パーティーに行く

_____ 友達と遊ぶ

_____ 料理をする

_____ ポジティブな未来を考える

_____ すきなお菓子を食べる

_____ 大切な人と抱き合う

_____ 運動，ハイキング，スポーツをする

_____ 探索する（例えば，新しい道へ行く）

_____ メイクをする，
　　　　　　ヘアスタイルを整える等

_____ お洒落する

_____ 映画館へ行く

_____ 面白い映画や動画を観る

_____ マッサージを受ける

_____ _____

_____ _____

C, P, T

_____ 自分のために物を買う

_____ 宗教の祭事や地域の行事に参加する

_____ 授業やクラブのイベントへ行く

_____ 家族や友人へ贈り物を買う

_____ 寄付する，ボランティアをする

_____ 食べ物や手芸を手作りし，
　　　　　　人にプレゼントする

_____ すきな音楽でダンスする

_____ 友達と近況を話す

_____ 子どもや孫と遊ぶ

_____ 誰かを手助けする

_____ 新鮮な空気を吸う

_____ 友人とビデオゲームする

_____ 楽器を演奏する

_____ アート活動をする
　　　　　　（例えば，絵を描く，写真を撮る）

_____ すきなキャンドルの匂いを嗅ぐ

_____ カードやボードゲームをする

_____ 散歩する

_____ 手紙を書く

_____ 写真を見る

_____ ガーデニングをする

_____ マニキュアやペディキュアをする

_____ _____

_____ _____

_____ _____

163

## エクササイズ 5.3 　熟達感をもつことでポジティブを感じることができる活動リスト

**熟達感をもつことでポジティブを感じることができる活動リスト**

**エクササイズの進め方：**熟達感をもつことでポジティブを感じることができる活動リストを確認しましょう。それぞれの活動が，現在とり組んでいるものなのか，過去のものなのか，それともこれから試すものなのかを確認してみましょう。それぞれのポジティブ活動について，現在のものにはC，過去のものにはP，これから試すものにはTをつけてください。また現在，熟達感を得ている活動，またはこれから得られるであろう活動があれば，追加してください。

C, P, T _____

_____ 締め切りを守るために働く

_____ 新しいスキルを学ぶ（例えば，語学）

_____ プロジェクトを終える

_____ お皿をきれいにする

_____ 掃除機をかける

_____ イベントや集まり等を主催する

_____ 旅行や休暇を計画する

_____ 試験勉強をする

_____ ジグソーパズルをする

_____ _____

_____ _____

C, P, T _____

_____ 楽器を習う

_____ 読書する

_____ 物語，小説，演劇または詩を書く

_____ 新しい趣味（例えば，手芸）を学ぶ

_____ 部屋の模様替えをする

_____ アプリケーションにとり組む

_____ 家具やアンティークの修復をする

_____ 歌や音楽をアレンジする

_____ ホームワークを終わらせる

_____ _____

_____ _____

付　録

## エクササイズ5.4　ポジティブな活動マイリスト

**ポジティブな活動マイリスト**

**エクササイズの進め方：**(1) 現在楽しんでいる活動，過去に楽しんでいた活動，これから楽しめそうだと思う活動，(2) 人生に価値をもたらす活動，(3) すぐには楽しめないかもしれないけれど，達成後に熟達感（または，他のポジティブ感情）を得られる活動の，それぞれの項目を達成するときの困難度（0 ＝簡単，10 ＝最も難しい）を評定してください。

| 活動 | 困難さ（0-10） |
|---|---|
| 1. | |
| 2. | |
| 3. | |
| 4. | |
| 5. | |
| 6. | |
| 7. | |
| 8. | |
| 9. | |
| 10. | |

*165*

## エクササイズ 5.5　ポジティブな活動の計画

**ポジティブな活動の計画**

**エクササイズの進め方：** ポジティブな活動リストから，今週とり組んだ活動を1つ選んでください。この活動を「活動」欄に書き込んでください。その活動がどのカテゴリー（例えば，ソーシャル，仕事，健康，余暇，スピリチュアリティ，その他）に該当するかを記してください。もしその活動を達成するのにステップに分ける必要があれば，「どのように活動を行うか」欄にそのステップを記入してください。各ステップについて，困難度を0から10の数値で評定してください（0＝簡単，10＝最も難しい）。その後，週あたりの回数，曜日，時間帯，どのくらいの時間で，誰と行うかを文章内の空欄に書き込んでください。そして，1週間を通してその活動を実践し，活動の前後のポジティブ感情について0から10の数値で評定してください（0＝最低，10＝最高）。さらに，その活動の前，中，後で気づいたポジティブ感情の種類を記入してください。

| 活動 |
| --- |
|  |

| カテゴリー |
| --- |
| □ ソーシャル　□ 余暇 |
| □ 仕事　　　　□ スピリチュアリティ |
| □ 健康　　　　□ その他 |

**どのように活動を行うか**

| ステップ | 困難度（0-10） |
| --- | --- |
| 1. _____ | _____ |
| 2. _____ | _____ |
| 3. _____ | _____ |
| 4. _____ | _____ |
| 5. _____ | _____ |
| 6. _____ | _____ |
| 7. _____ | _____ |
| 8. _____ | _____ |

ホームワークとして，私はこの活動を，今週 _____ 回，_____ （月，火，水曜日など），_____ （午前，午後，夜）に，_____ （秒，分，時間），_____ と（該当する場合，名前）行う。

| ホームワーク# | 前のポジティブ感情（0-10） | 後のポジティブ感情（0-10） | ポジティブ感情の種類 |
| --- | --- | --- | --- |
| 1 | | | |
| 2 | | | |
| 3 | | | |
| 4 | | | |
| 5 | | | |
| 6 | | | |
| 7 | | | |

付　録

## エクササイズ5.6　瞬間をあじわう

### 瞬間をあじわう

**エクササイズの進め方：**今週のポジティブな活動または出来事を見つけ，それについて記録してください。その出来事について，見たこと，聞いたこと，感じたこと，考えたこと，嗅いだこと，味わったことを頭の中で思い返して語りましょう。思い返して語る前後のポジティブ感情について，0から10の数値で評定してください（0＝最低，10＝最高）。また思い返して語ったときの鮮明度を評定してください（10＝最も鮮明）。そして，あなたが気づいたポジティブ感情や他の反応（例えば，思考，身体感覚）を記入してください。

| 出来事 | 前のポジティブ感情<br>(0-10) | 後のポジティブ感情<br>(0-10) | 鮮明度<br>(0-10) | ポジティブ感情の種類 | 反応<br>（思考，身体感覚） |
|---|---|---|---|---|---|
| | | | | | |
| | | | | | |
| | | | | | |
| | | | | | |
| | | | | | |

**エクササイズ 6.1　銀の光を見つける**

| 銀の光を見つける |
|:---|
| **エクササイズの進め方**：練習日時を記入してください。次に，ポジティブ，ネガティブ，またはニュートラルな状況を決め，その状況のポジティブな面（少なくとも 6 つ）を見つけて「銀の光」の欄に記入します。また，練習前後のポジティブ感情を 0 から 10 の数値で評定してください（0＝最低，10＝最高）。練習前や練習中，練習後に経験したポジティブ感情も記入してください。毎日 1 つのエクササイズを行いましょう。 |

練習日時：＿＿＿＿＿＿＿＿＿＿＿＿＿＿＿＿＿＿＿＿＿

状況：＿＿＿＿＿＿＿＿＿＿＿＿＿＿＿＿＿＿＿＿＿＿＿＿＿

＿＿＿＿＿＿＿＿＿＿＿＿＿＿＿＿＿＿＿＿＿＿＿＿＿＿＿＿＿＿

＿＿＿＿＿＿＿＿＿＿＿＿＿＿＿＿＿＿＿＿＿＿＿＿＿＿＿＿＿＿

銀の光：

1.　＿＿＿＿＿＿＿＿＿＿＿＿＿＿＿＿＿＿＿＿＿＿＿＿＿＿＿

2.　＿＿＿＿＿＿＿＿＿＿＿＿＿＿＿＿＿＿＿＿＿＿＿＿＿＿＿

3.　＿＿＿＿＿＿＿＿＿＿＿＿＿＿＿＿＿＿＿＿＿＿＿＿＿＿＿

4.　＿＿＿＿＿＿＿＿＿＿＿＿＿＿＿＿＿＿＿＿＿＿＿＿＿＿＿

5.　＿＿＿＿＿＿＿＿＿＿＿＿＿＿＿＿＿＿＿＿＿＿＿＿＿＿＿

6.　＿＿＿＿＿＿＿＿＿＿＿＿＿＿＿＿＿＿＿＿＿＿＿＿＿＿＿

| 練習前の<br>ポジティブ感情<br>（0–10） | 練習中の<br>ポジティブ感情<br>（0–10） | 練習後の<br>ポジティブ感情<br>（0–10） | ポジティブ感情の種類 |
|:---:|:---:|:---:|:---|
| | | | |

付　録

## エクササイズ 6.2　自分のものにする

| 自分のものにする |
|---|

**エクササイズの進め方**：練習日時を記入してください。ポジティブな状況を決め，その状況のポジティブな面（少なくとも6つ）を見つけて「貢献」の欄に記入します。また，練習前後のポジティブ感情を0から10の数値で評定してください（0＝最低，10＝最高）。練習前や練習中，練習後に経験したポジティブ感情も記入してください。毎日1つのエクササイズを行いましょう。


**練習日時：** _____

**状況：** _____

_____

_____


**自分のものにする：**

1. _____

2. _____

3. _____

4. _____

5. _____

6. _____


| 練習前の<br>ポジティブ感情<br>（0–10） | 練習中の<br>ポジティブ感情<br>（0–10） | 練習後の<br>ポジティブ感情<br>（0–10） | ポジティブ感情の種類 |
|---|---|---|---|
| | | | |
| | | | |

169

**エクササイズ 6.3　ポジティブを思い描く**

| ポジティブを思い描く |
|---|

**エクササイズの進め方：**起こり得そうな将来の出来事を決めます。最も起こり得そうな結果に関わる将来の出来事を記入します。それが，まるで今起きているかのように（現在形を使いながら），感情，思考，物理的な感覚（視覚，嗅覚，聴覚など）を詳しく書いてください。

**今，鮮明にイメージしてください。**練習前後のポジティブ感情を 0 から 10 の数値（0 ＝最低，10 ＝最高）で記入するとともに，ふり返ってみてそのイメージの鮮明さ（10 ＝非常に鮮明）を評定することを忘れずに行ってください。練習前や練習中，練習後に経験したポジティブ感情も記入してください。毎日 1 つのエクササイズを行いましょう。

| 練習前の<br>ポジティブ感情<br>(0–10) | 練習中の<br>ポジティブ感情<br>(0–10) | 練習後の<br>ポジティブ感情<br>(0–10) | ポジティブ感情の種類 |
|---|---|---|---|
|  |  |  |  |

付　録

## エクササイズ 7.1　思いやりいつくしむ

### 思いやりいつくしむ

**エクササイズの進め方：**実践した日時を記録しましょう。あなたの「思いやりいつくしむ」の実践の受け手を，1人以上決めましょう。とり組みやすい人からはじめてみるのがよいでしょう。「思いやりいつくしむ」の説明スクリプトを読むか，音声を流しましょう。実践した前後の気分を記録するようにしましょう（0＝最低，10＝最高）。他にも，気づいた考えや感情，身体感覚も記録してみましょう。1日に1回は実践をしましょう。

**実践した日時：** ＿＿＿＿＿＿＿＿＿＿＿＿＿＿＿＿＿＿＿＿＿＿＿＿＿＿＿＿＿＿＿＿＿

**実践の受け手（複数も可）：** ＿＿＿＿＿＿＿＿＿＿＿＿＿＿＿＿＿＿＿＿＿＿＿＿＿

**実践する前のポジティブ感情（0–10）：** ＿＿＿＿＿＿＿＿＿＿＿＿＿＿＿＿＿＿＿＿

**実践した後のポジティブ感情（0–10）：** ＿＿＿＿＿＿＿＿＿＿＿＿＿＿＿＿＿＿＿＿

**ポジティブな感情の種類（複数も可）：** ＿＿＿＿＿＿＿＿＿＿＿＿＿＿＿＿＿＿＿＿

＿＿＿＿＿＿＿＿＿＿＿＿＿＿＿＿＿＿＿＿＿＿＿＿＿＿＿＿＿＿＿＿＿＿＿＿＿＿＿

**反応（思考や身体感覚）：**

＿＿＿＿＿＿＿＿＿＿＿＿＿＿＿＿＿＿＿＿＿＿＿＿＿＿＿＿＿＿＿＿＿＿＿＿＿＿＿

＿＿＿＿＿＿＿＿＿＿＿＿＿＿＿＿＿＿＿＿＿＿＿＿＿＿＿＿＿＿＿＿＿＿＿＿＿＿＿

＿＿＿＿＿＿＿＿＿＿＿＿＿＿＿＿＿＿＿＿＿＿＿＿＿＿＿＿＿＿＿＿＿＿＿＿＿＿＿

＿＿＿＿＿＿＿＿＿＿＿＿＿＿＿＿＿＿＿＿＿＿＿＿＿＿＿＿＿＿＿＿＿＿＿＿＿＿＿

**エクササイズ7.2　感謝する**

| 感謝する |
|---|

**エクササイズの進め方：** 実践した日時を記録しましょう。毎日気づき，感謝する5つのことをリストにしましょう。前の日に感謝したこととは違うことであることを確認しましょう。リストを作った前後のポジティブ感情を記録するようにしましょう（0＝最低，10＝最高）。気づいたポジティブな感情を記入しましょう。1日に1回は実践をしましょう。

**実践した日時：** _____

**今日，私が感謝することは……**

1. _____

2. _____

3. _____

4. _____

5. _____

**実践する前のポジティブ感情（0-10）：** _____

**実践した後のポジティブ感情（0-10）：** _____

**ポジティブな感情の種類（複数も可）：** _____

_____

付　録

**エクササイズ 7.3　与える**

| 与える |
|---|

**エクササイズの進め方**：あなたが与える行為をした日時を記録しましょう。あなたの与える行為が何かと，その受け手を決めてから記録しましょう。与える行為をする前後のポジティブ感情を記録するようにしましょう（0 ＝最低，10 ＝最高）。気づいたポジティブな感情を記入しましょう。週に 3 回は実践をしましょう。


**実践した日時：** _____


**与える行為：** _____


**与える行為の受け手：** _____



**実践する前のポジティブ感情（0–10）：** _____


**実践した後のポジティブ感情（0–10）：** _____


**ポジティブな感情の種類（複数も可）：** _____

_____

*173*

## エクササイズ7.4　誰かの幸せを喜ぶ

### 誰かの幸せを喜ぶ

**エクササイズの進め方**：実践した日時を記録しましょう。あなたの「誰かの幸せを喜ぶ」の実践の受け手を，1人以上決めましょう。とり組みやすい人からはじめてみるのがよいでしょう。「誰かの幸せを喜ぶ」の説明スクリプトを読むか，音声を流しましょう。実践した前後のポジティブ感情を記録するようにしましょう（0＝最低，10＝最高）。他にも，気づいた考えや感情，身体感覚を記録してみましょう。1日に1回は実践をしましょう。


実践した日時： _____


実践の受け手（複数も可）： _____


実践する前のポジティブ感情（0–10）： _____


実践した後のポジティブ感情（0–10）： _____


ポジティブな感情の種類（複数も可）： _____


反応（思考や身体感覚）：

_____

_____

_____

_____

付　録

**エクササイズ 8.1　進展のチェック**

| 進展のチェック |
| --- |

**総合評価：ポジティブ感情**

　1. 治療開始以降，全体的な気分は改善しましたか？

　2. ポジティブ感情を以前より**頻繁に**感じていますか？　1日を通して，あるいは1週間を通して，**以前より**ポジティブ感情に気づいていますか？　ポジティブ感情を**以前より強く**感じますか？

**総合評価：ネガティブ感情**

　3. ネガティブ感情についてはどうですか？

**主要な構成要素**

**第5章 ポジティブへと行動する**

　4. 以前より意味のある活動をしていますか？　すでにとり組んでいる活動をあじわうことができていますか？

　5. 1日や1週間を通して，以前よりポジティブ活動を取り入れていますか？

**第6章 ポジティブに目を向ける**

　6. 「銀の光」に毎日気づいていますか？

　7. うまくいったことに対して，自分を褒めていますか？　褒められたことを否定せずに受け入れていますか？　いくつかのポジティブな出来事は自分の行動によるものだと考えていますか？

　8. 将来の出来事をポジティブに思い描く時間をとっていますか？

**第7章 ポジティブを積み重ねる**

　9. 自分自身や他者に対して，より思いやりいつくしむ感情を抱いていますか？

　10. 他人の成功や歓喜に喜びを感じますか？

　11. ストレスがあるときでも，毎日感謝の気持ちがわいてきますか？

　12. 他人や自分自身に対して，以前より寛大になれていますか？　週に数回は，ほんのささやかな与えるふるまい（例えば，親切にする，手を差し伸べる，耳を傾ける，助言をするなど）をしていますか？

*175*

**エクササイズ 8.2　長期目標**

| 長期目標 |
|---|

**エクササイズの進め方**：治療後の目標を少なくとも 1〜3 つ挙げてください。この治療の目的は何でしたか？　なぜ気分を改善したかったのでしょうか？　それぞれの目標を達成するために必要な手段を挙げてください。目標を達成するための手段には，この治療で学んだスキルのうちどれかを挙げてください。

**長期目標は……**

1. _____

    ステップ 1. _____

    ステップ 2. _____

    ステップ 3. _____

2. _____

    ステップ 1. _____

    ステップ 2. _____

    ステップ 3. _____

3. _____

    ステップ 1. _____

    ステップ 2. _____

    ステップ 3. _____

付　録

## エクササイズ 8.3　学びを維持する

**学びを維持する**

**エクササイズの進め方**：それぞれの質問に答えてください。「ポジティブへと行動する」「ポジティブに目を向ける」「ポジティブを積み重ねる」のスキルを通して治療で学んだことを維持する方法を挙げてください。

「ポジティブへと行動する」を通して学んだことをどう実践していきますか？

1. _____

2. _____

3. _____

「ポジティブに目を向ける」を通して学んだことをどう実践していきますか？

1. _____

2. _____

3. _____

「ポジティブを積み重ねる」を通して学んだことをどう実践していきますか？

1. _____

2. _____

3. _____

*177*

**エクササイズ 8.4　壁を乗り越えていく**

| 壁を乗り越えていく |
|---|

**エクササイズの進め方**：長期目標を達成するうえで壁となる可能性のあるものを挙げてください。その壁を回避するためにとることのできる対策を 1〜3 つ挙げてください。

**壁は……**

1. _____

    ステップ 1.　_____

    ステップ 2.　_____

    ステップ 3.　_____

2. _____

    ステップ 1.　_____

    ステップ 2.　_____

    ステップ 3.　_____

3. _____

    ステップ 1.　_____

    ステップ 2.　_____

    ステップ 3.　_____

# 文　献

Aknin, L. B., Broesch, T., Hamlin, J. K., & Van de Vondervoort, J. W. (2015). Prosocial behavior leads to happiness in a small-scale rural society. *Journal of Experimental Psychology, General*, *144*(4), 788–795. https://doi.org/10.1037/xge0000082

Algoe, S. B., & Haidt, J. (2009). Witnessing excellence in action: The "other-praising" emotions of elevation, gratitude, and admiration. *Journal of Positive Psychology*, *4*(2), 105–127. https://doi.org/10.1080/17439760802650519

American Psychiatric Association. (2016). *Diagnostic and statistical manual of mental disorders* (5th ed.). American Psychiatric Publishing. https://doi.org/10.1016/B978-0-12-809324-5.05530-9（日本精神神経学会（監修）髙橋三郎・大野　裕（監訳）（2014）．　DSM-5 精神疾患の診断・統計マニュアル　医学書院）

Ballard, E. D., Wills, K., Lally, N., Richards, E. M., Luckenbaugh, D. A., Walls, T., Ameli, R., Niciu, M. J., Brutsche, N. E., Park, L., & Zarate, C. A. (2017). Anhedonia as a clinical correlate of suicidal thoughts in clinical ketamine trials. *Journal of Affective Disorders*, *218*, 195–200. https://doi.org/10.1016/j.jad.2017.04.057

Barry, T. J., Sze, W. Y., & Raes, F. (2019). A meta-analysis and systematic review of Memory Specificity Training (MeST) in the treatment of emotional disorders. *Behaviour Research and Therapy*, *116*, 36–51. https://doi.org/10.1016/.brat.2019.02.001

Bénabou, R., & Tirole, J. (2006). Incentives and prosocial behavior. *American Economic Review*, *96*(5), 1652–1678. https://doi.org/10.1257/aer.96.5.1652

Berridge, K. C., & Kringelbach, M. L. (2015). Pleasure systems in the brain. *Neuron*, *86*(3), 646–664. https://doi.org/10.1016/j.neuron.2015.02.018

Borgonovi, F. (2008). Doing well by doing good: The relationship between formal volunteering and self-reported health and happiness. *Social Science & Medicine*, *66*(11), 2321–2334. https://doi.org/10.1016/j.socscimed.2008.01.011

Boumparis, N., Karyotaki, E., Kleiboer, A., Hofmann, S. G., & Cuijpers, P. (2016). The effect of psychotherapeutic interventions on positive and negative affect in depression: A systematic review and meta-analysis. *Journal of Affective Disorders*, *202*, 153–162. https://doi.org/10.1016/j.jad.2016.05.019

Brewin, C. R. (2006). Understanding cognitive behaviour therapy: A retrieval competition account. *Behaviour Research and Therapy*, *44*(6), 765–784. https://doi.org/10.1016/j.brat.2006.02.005

Brown, T. A., & Barlow, D. H. (2021). *Anxiety and Related Disorders Interview Schedule for DSM-5 (ADIS-5)— Adult Version Client Interview Schedule 5-Copy Set*. Oxford University Press.

Brown, T. A., Chorpita, B. F., & Barlow, D. H. (1998). Structural relationships among dimensions of the DSM-IV anxiety and mood disorders and dimensions of negative affect, positive affect, and autonomic arousal. *Journal of Abnormal Psychology*, *107*(2), 179–192.

Carson, J. W., Keefe, F. J., Lynch, T. R., Carson, K. M., Goli, V., Fras, A. M., & Thorp, S. R. (2005).

Loving-kindness meditation for chronic low back pain: Results from a pilot trial. *Journal of Holistic Nursing, 23*(3), 287–304. https://doi.org/10.1177/0898010105277651

Christov-Moore, L., Sugiyama, T., Grigaityte, K., & Iacoboni, M. (2017). Increasing generosity by disrupting prefrontal cortex. *Social Neuroscience, 12*(2), 174–181. https://doi.org/10.1080/17470919.2016.1154105

Chung, Y. S., & Barch, D. (2015). Anhedonia is associated with reduced incentive cue related activation in the basal ganglia. *Cognitive, Affective and Behavioral Neuroscience, 15*(4), 749–767. https://doi.org/10.3758/s13415-015-0366-3

Clark, L. A., & Watson, D. (1991). Tripartite model of anxiety and depression: Psychometric evidence and taxonomic implications. *Journal of Abnormal Psychology, 100*(3), 316–336. https://doi.org/10.1037/0021-843x.100.3.316

Clepce, M., Gossler, A., Reich, K., Kornhuber, J., & Thuerauf, N. (2010). The relation between depression, anhedonia and olfactory hedonic estimates: A pilot study in major depression. *Neuroscience Letters, 471*(3), 139–143. https://doi.org/10.1016/j.neulet.2010.01.027

Craske, M. G., Meuret, A. E., Echiverri-Cohen, A., Rosenfield, D., & Ritz, T. (2023). Positive affect treatment targets reward sensitivity: A randomized controlled trial. *Journal of Consulting and Clinical Psychology, 91*(6), 350–366.

Craske, M. G., Meuret, A. E., Ritz, T., Treanor, M., & Dour, H. J. (2016). Treatment for anhedonia: A neuroscience driven approach. *Depression and Anxiety, 33*(10), 927–938. https://doi.org/10.1002/da.22490

Craske, M. G., Meuret, A., Ritz, T., Treanor, M., Dour, H., & Rosenfield, D. (2019). Positive Affect Treatment for Depression and Anxiety: A randomized clinical trial for a core feature of anhedonia. *Journal of Consulting and Clinical Psychology, 87*(5), 457–471. https://doi.org/10.1037/ccp0000396

Demyttenaere, K., Donneau, A. F., Albert, A., Ansseau, M., Constant, E., & Van Heeringen, K. (2015). What is important in being cured from depression? Discordance between physicians and patients. *Journal of Affective Disorders, 174*, 390–396. https://doi.org/10.1016/j.jad.2014.12.004

Der-Avakian, A., & Markou, A. (2012). The neurobiology of anhedonia and other reward-related deficits. *Trends in Neurosciences, 35*(1), 68–77. https://doi.org/10.1016/j.tins.2011.11.005

DeRubeis, R. J., Hollon, S. D., Amsterdam, J. D., Shelton, R. C., Young, P. R., Salomon, R. M, O'Reardon, J. P., Lovett, M. L., Gladis, M. M., Brown, L. L., & Gallop, R. (2005). Cognitive therapy vs. medications in the treatment of moderate to severe depression. *Archives of General Psychiatry, 62*(4), 409–416. https://doi.org/10.1001/archpsyc.62.4.409

DeShea, L. (2003). A scenario-based scale of Willingness to Forgive. *Individual Differences Research, 1*(3), 201–216.

Dichter, G. S., Felder, J. N., Petty, C., Bizzell, J., Ernst, M., & Smoski, M. J. (2009). The effects of psychotherapy on neural responses to rewards in major depression. *Biological Psychiatry, 66*(9), 886–897. https://doi.org/10.1016/j.biopsych.2009.06.021

Dimidjian, S., Hollon, S. D., Dobson, K. S., Schmaling, K. B., Kohlenberg, R. J., Addis, M. E., Gallop, R., McGlinchey, J. B., Markley, D. K., Gollan, J. K., Atkins, D. C., Dunner, D. L., & Jacobson, N. S. (2006). Randomized trial of behavioral activation, cognitive therapy, and antidepressant medication in the acute treatment of adults with major depression. *Journal of Consulting and Clinical Psychol-*

*ogy, 74*(4), 658–670. https://doi.org/10.1037/0022-006X.74.4.658

Dobson, K. S., Hollon, S. D., Dimidjian, S., Schmaling, K. B., Kohlenberg, R. J., Gallop, R. J., Rizvi, S. L., Gollan, J. K., Dunner, D. L., & Jacobson, N. S. (2008). Randomized trial of behavioral activation, cognitive therapy, and antidepressant medication in the prevention of relapse and recurrence in major depression. *Journal of Consulting and Clinical Psychology, 76*(3), 468–477. https://doi.org/10.1037/0022-006X.76.3.468

Ducasse, D., Dubois, J., Jaussent, I., Azorin, J. M., Etain, B., Gard, S., Henry, C., Bougerol, T., Kahn, J. P., Aubin, V., Bellivier, F., Belzeaux, R., Dubertret, C., Dubreucq, J., Llorca, P. M., Loftus, J., Passerieux, C., Polosan, M., Samalin, L., . . . Courtet, P. (2021). Association between anhedonia and suicidal events in patients with mood disorders: A 3-year prospective study. *Depression and Anxiety, 38*, 17–27. https://doi.org/10.1002/da.23072

Ducasse, D., Loas, G., Dassa, D., Gramaglia, C., Zeppegno, P., Guillaume, S., Olié, E., & Courtet, P. (2018). Anhedonia is associated with suicidal ideation independently of depression: A meta-analysis. *Depression and Anxiety, 35*(5), 382–392. https://doi.org/10.1002/da.22709

Dunn, B. D. (2012). Helping depressed clients reconnect to positive emotion experience: Current insights and future directions. *Clinical Psychology and Psychotherapy, 19*(4), 326–340. https://doi.org/10.1002/cpp.1799

Dunn, E. W., Aknin, L. B., & Norton, M. I. (2008). Spending money on others promotes happiness. *Science, 319*(5870), 1687–1688. https://doi.org/10.1126/science.1150952

Emmons, R. A., & McCullough, M. E. (2003). Counting blessings versus burdens: An experimental investigation of gratitude and subjective well-being in daily life. *Journal of Personality and Social Psychology, 84*(2), 377–389. https://doi.org/10.1037/0022-3514.84.2.377

Fawcett, J., Scheftner, W. A., Fogg, L., Clark, D. C., Young, M. A., Hedeker, D., & Gibbons, R. (1990). Time-related predictors of suicide in major affective disorder. *American Journal of Psychiatry, 147*(9), 1189–1194. https://doi.org/10.1176/ajp.147.9.1189

Fiorito, E. R., & Simons, R. F. (1994). Emotional imagery and physical anhedonia. *Psychophysiology, 31*(5), 513–521. https://doi.org/10.1111/j.1469-8986.1994.tb01055.x

First, M. B., Williams, J. B. W., Karg, R. S., & Spitzer, R. L. (2016). *Structured Clinical Interview for DSM-5 Disorders, Clinician Version (SCID-5-CV).* American Psychiatric Association.

Fitzgibbons, L., & Simons, R. F. (1992). Affective response to color-slide stimuli in subjects with physical anhedonia: A three-systems analysis. *Psychophysiology, 29*(6), 613–620. https://doi.org/10.1111/j.1469-8986.1992.tb02036.x

Forbes, C. N. (2020). New directions in behavioral activation: Using findings from basic science and translational neuroscience to inform the exploration of potential mechanisms of change. *Clinical Psychology Review, 79*, 101860. https://doi.org/10.1016/j.cpr.2020.101860

Fox, G. R., Kaplan, J., Damasio, H., & Damasio, A. (2015). Neural correlates of gratitude. *Frontiers in Psychology, 6*, 1491. https://doi.org/10.3389/fpsyg.2015.01491

Fredrickson, B. L. (2001). The role of positive emotions in positive psychology: The broaden-and-build theory of positive emotions. *American Psychologist, 56*(3), 218–226. https://doi.org/10.1037/0003-066x.56.3.218

Fredrickson, B. L., Cohn, M. A., Coffey, K. A., Pek, J., & Finkel, S. M. (2008). Open hearts build lives: Positive emotions, induced through loving-kindness meditation, build consequential personal resources. *Journal of Personality and Social Psychology, 95*(5), 1045–1062. https://doi.org/10.1037/a0013262

Fredrickson, B. L., & Joiner, T. (2002). Positive emotions trigger upward spirals toward emotional well-being. *Psychological Science, 13*(2), 172–175. https://doi.org/10.1111/1467-9280.00431

Froh, J. J., Kashdan, T. B., Ozimkowski, K. M., & Miller, N. (2009). Who benefits the most from a gratitude intervention in children and adolescents? Examining positive affect as a moderator. *Journal of Positive Psychology, 4*(5), 408–422. https://doi.org/10.1080/17439760902992464

Gard, D. E., Gard, M. G., Kring, A. M., & John, O. P. (2006). Anticipatory and consummatory components of the experience of pleasure: A scale development study. *Journal of Research in Personality, 40*(6), 1086–1102. https://doi.org/10.1016/j.jrp.2005.11.001

Garland, E. L., Fredrickson, B., Kring, A. M., Johnson, D. P., Meyer, P. S., & Penn, D. L. (2010). Upward spirals of positive emotions counter downward spirals of negativity: Insights from the broaden-and-build theory and affective neuroscience on the treatment of emotion dysfunctions and deficits in psychopathology. *Clinical Psychology Review, 30*(7), 849–864. https://doi.org/10.1016/j.cpr.2010.03.002

Geraghty, A. W. A., Wood, A. M., & Hyland, M. E. (2010a). Dissociating the facets of hope: Agency and pathways predict dropout from unguided self-help therapy in opposite directions. *Journal of Research in Personality, 44*(1), 155–158. https://doi.org/10.1016/j.jrp.2009.12.003

Geraghty, A. W. A., Wood, A. M., & Hyland, M. E. (2010b). Attrition from self-directed interventions: Investigating the relationship between psychological predictors, intervention content and dropout from a body dissatisfaction intervention. *Social Science & Medicine, 71*(1), 30–37. https://doi.org/10.1016/j.socscimed.2010.03.007

Gradin, V. B., Kumar, P., Waiter, G., Ahearn, T., Stickle, C., Milders, M., Reid, I., Hall, J., & Steele, J. D. (2011). Expected value and prediction error abnormalities in depression and schizophrenia. *Brain, 134*(6), 1751–1764. https://doi.org/10.1093/brain/awr059

Greenberg, T., Chase, H. W., Almeida, J. R., Stiffler, R., Zevallos, C. R., Aslam, H. A., Deckersbach, T., Weyandt, S., Cooper, C., Toups, M., Carmody, T., Kurian, B., Peltier, S., Adams, P., McInnis, M. G., Oquendo, M. A., McGrath, P. J., Fava, M., Weissman, M., . . . Phillips, M. L. (2015). Moderation of the relationship between reward expectancy and prediction error-related ventral striatal reactivity by anhedonia in unmedicated major depressive disorder: Findings from the EMBARC study. *American Journal of Psychiatry, 172*(9), 881–891. https://doi.org/10.1176/appi.ajp.2015.14050594

Gross, J. J. (1998). The emerging field of emotion regulation: An integrative review. *Review of General Psychology, 2*(3), 271–299. https://doi.org/10.1037/1089-2680.2.3.271

Grossman, P. (2015). Mindfulness: Awareness informed by an embodied ethic. *Mindfulness, 6*(1), 17–22. https://doi.org/10.1007/s12671-014-0372-5

Hallford, D. J., Farrell, H., & Lynch, E. (2020a). Increasing anticipated and anticipatory pleasure through episodic thinking. *Emotion.* https://doi.org/10.1037/emo0000765

Hallford, D. J., Sharma, M. K., & Austin, D. W. (2020b). Increasing anticipatory pleasure in major depression through enhancing episodic future thinking: A randomized single-case series trial. *Journal of Psychopathology and Behavioral Assessment, 42*, 751–764. https://doi.org/10.1007/s10862-020-09820-9

Hamilton, W. D. (1963). The evolution of altruistic behavior. *American Naturalist, 97*, 354–356.

https://doi.org/10.1086/497114

Hofmann, S. G., Grossman, P., & Hinton, D. E. (2011). Loving-kindness and compassion meditation: Potential for psychological interventions. *Clinical Psychology Review*, *31*(7), 1126–1132. https://doi.org/10.1016/j.cpr.2011.07.003

Hofmann, S. G., Petrocchi, N., Steinberg, J., Lin, M., Arimitsu, K., Kind, S., Mendes, A., & Stangier, U. (2015). Loving-kindness meditation to target affect in mood disorders: A proof-of-concept study. *Evidence-Based Complementary and Alternative Medicine*, *2015*, 269126. https://doi.org/10.1155/2015/269126

Holmes, D., Murray, S. J., Perron, A., & Rail, G. (2006). Deconstructing the evidence-based discourse in health sciences: Truth, power and fascism. *International Journal of Evidence-Based Healthcare*, *4*(3), 180–186. https://doi.org/10.1111/j.1479-6988.2006.00041.x

Holmes, E. A., Blackwell, S. E., Burnett Heyes, S., Renner, F., & Raes, F. (2016). Mental imagery in depression: Phenomenology, potential mechanisms, and treatment implications. *Annual Review of Clinical Psychology*, *12*(1), 249–280. https://doi.org/10.1146/annurev-clinpsy-021815-092925

Holmes, E. A., Coughtrey, A. E., & Connor, A. (2008a). Looking at or through rose-tinted glasses? Imagery perspective and positive mood. *Emotion*, *8*(6), 875–879. https://doi.org/10.1037/a0013617

Holmes, E. A., Mathews, A., Mackintosh, B., & Dalgleish, T. (2008b). The causal effect of mental imagery on emotion assessed using picture-word cues. *Emotion*, *8*(3), 395–409. https://doi.org/10.1037/1528-3542.8.3.395

Honkalampi, K., Hintikka, J., Laukkanen, E., Lehtonen, J., & Viinamäki, H. (2001). Alexithymia and depression: A prospective study of patients with major depressive disorder. *Psychosomatics*, *42*(3), 229–234. https://doi.org/10.1176/appi.psy.42.3.229

Hopper, J. W., Pitman, R. K., Su, Z., Heyman, G. M., Lasko, N. B., Macklin, M. L., Orr, S. P., Lukas, S. E., & Elman, I. (2008). Probing reward function in posttraumatic stress disorder: Expectancy and satisfaction with monetary gains and losses. *Journal of Psychiatric Research*, *42*(10), 802–807. https://doi.org/10.1016/j.jpsychires.2007.10.008

Hutcherson, C. A., Seppala, E. M., & Gross, J. J. (2008). Loving-kindness meditation increases social connectedness. *Emotion*, *8*(5), 720–724. https://doi.org/10.1037/a0013237

Johnson, D. P., Penn, D. L., Fredrickson, B. L., Meyer, P. S., Kring, A. M., & Brantley, M. (2009). Loving-kindness meditation to enhance recovery from negative symptoms of schizophrenia. *Journal of Clinical Psychology*, *65*(5), 499–509. https://doi.org/10.1002/jclp.20591

Kashdan, T. B., Weeks, J. W., & Savostyanova, A. A. (2011). Whether, how, and when social anxiety shapes positive experiences and events: A self-regulatory framework and treatment implications. *Clinical Psychology Review*, *31*(5), 786–799. https://doi.org/10.1016/j.cpr.2011.03.012

Kearney, D. J., Malte, C. A., McManus, C., Martinez, M. E., Felleman, B., & Simpson, T. L. (2013). Loving-kindness meditation for posttraumatic stress disorder: A pilot study. *Journal of Traumatic Stress*, *26*(4), 426–434. https://doi.org/10.1002/jts.21832

Kendall, A. D., Zinbarg, R. E., Mineka, S., Bobova, L., Prenoveau, J. M., Revelle, W., & Craske, M. G. (2015). Prospective associations of low positive emotionality with first onsets of depressive and anxiety disorders: Results from a 10-wave latent trait-state modeling study. *Journal of Abnormal Psychology*, *124*(4), 933–943. https://doi.org/10.1037/abn0000105

Kessler, R. C., Chiu, W. T., Demler, O., Merikangas, K. R., & Walters, E. E. (2005). Prevalence, severity, and comorbidity of 12-month DSM-IV disorders in the National Comorbidity Survey Replication. *Archives of General Psychiatry, 62*(6), 617–627. https://doi.org/10.1001/archpsyc.62.6.617

Khazanov, G. K., & Ruscio, A. M. (2016). Is low positive emotionality a specific risk factor for depression? A meta-analysis of longitudinal studies. *Psychological Bulletin, 142*(9), 991–1015. https://doi.org/10.1037/bul0000059

Kirkpatrick, M., Delton, A. W., Robertson, T. E., & de Wit, H. (2015). Prosocial effects of MDMA: A measure of generosity. *Journal of Psychopharmacology, 29*(6), 661–668. https://doi.org/10.1177/0269881115573806

Koole, S. L., Smeets, K., van Knippenberg, A., & Dijksterhuis, A. (1999). The cessation of rumination through self-affirmation. *Journal of Personality and Social Psychology, 77*(1), 111–125. https://doi.org/10.1037/0022-3514.77.1.111

Koster, E. H. W., De Raedt, R., Goeleven, E., Franck, E., & Crombez, G. (2005). Mood-congruent attentional bias in dysphoria: Maintained attention to and impaired disengagement from negative information. *Emotion, 5*(4), 446–455. https://doi.org/10.1037/1528-3542.5.4.446

Kotov, R., Gamez, W., Schmidt, F., & Watson, D. (2010). Linking "big" personality traits to anxiety, depressive, and substance use disorders: A meta-analysis. *Psychological Bulletin, 136*(5), 768–821. https://doi.org/10.1037/a0020327

Landén, M., Högberg, P., & Thase, M. E. (2005). Incidence of sexual side effects in refractory depression during treatment with citalopram or paroxetine. *Journal of Clinical Psychiatry, 66*(1), 100–106. https://doi.org/10.4088/JCP.v66n0114

Lang, P. J., & Bradley, M. M. (2013). Appetitive and defensive motivation: Goal-directed or Goal-determined? *Emotion Review, 5*(3), 230–234. https://doi.org/10.1177/1754073913477511

Lang, P. J., & Davis, M. (2006). Emotion, motivation, and the brain: Reflex foundations in animal and human research. *Progress in Brain Research, 156*, 3–29. https://doi.org/10.1016/S0079-6123(06)56001-7

Layous, K., Chancellor, J., & Lyubomirsky, S. (2014). Positive activities as protective factors against mental health conditions. *Journal of Abnormal Psychology, 123*(1), 3–12. https://doi.org/10.1037/a0034709

Lewinsohn, P. M. (1974). A behavioral approach to depression. In R. Friedman & M. Katz (Eds.), *The psychology of depression: Contemporary theory and research* (pp. 157–185). Wiley.

Lewinsohn, P. M., & Libet, J. (1972). Pleasant events, activity schedules, and depressions. *Journal of Abnormal Psychology, 79*(3), 291–295. https://doi.org/10.1037/h0033207

Litz, B. T., Orsillo, S. M., Kaloupek, D., & Weathers, F. (2000). Emotional processing in posttraumatic stress disorder. *Journal of Abnormal Psychology, 109*(1), 26–39. https://doi.org/10.1037/0021-843X.109.1.26

Lovibond, P. F., & Lovibond, S. H. (1995). The structure of negative emotional states: Comparison of the Depression Anxiety Stress Scales (DASS) with the Beck Depression and Anxiety Inventories. *Behaviour Research and Therapy, 33*(3), 335–343. https://doi.org/10.1016/0005-7967(94)00075-u

MacLeod, A. K., Rose, G. S., & Williams, J. M. (1993). Components of hopelessness about the future in parasuicide. *Cognitive Therapy and Research, 17*(5), 441–455. https://doi.org/10.1007/BF01173056

Mahler, S. V., Smith, K. S., & Berridge, K. C. (2007). Endocannabinoid hedonic hotspot for sensory pleasure: Anandamide in nucleus accumbens shell enhances "liking" of a sweet reward. *Neuropsychopharmacology, 32*(11), 2267–2278. https://doi.org/10.1038/sj.npp.1301376

Maltby, J., Wood, A. M., Day, L., Kon, T. W. H., Colley, A., & Linley, P. A. (2008). Personality predictors of levels of forgiveness two and a half years after the transgression. *Journal of Research in Personality, 42*(4), 1088–1094. https://doi.org/10.1016/j.jrp.2007.12.008

Martell, C., Dimidjian, S., & Herman-Dunn, R. (2010). *Behavioral activation for depression: A clinician's guide*. Guilford.

Mayhew, S. L., & Gilbert, P. (2008). Compassionate mind training with people who hear malevolent voices: A case series report. *Clinical Psychology & Psychotherapy, 15*(2), 113–138. https://doi.org/10.1002/cpp.566

McCabe, C., Mishor, Z., Cowen, P. J., & Harmer, C. J. (2010). Diminished neural processing of aversive and rewarding stimuli during selective serotonin reuptake inhibitor treatment. *Biological Psychiatry, 67*(5), 439–445. https://doi.org/10.1016/j.biopsych.2009.11.001

McCullough, M. E., Emmons, R. A., & Tsang, J.-A. (2002). The grateful disposition: A conceptual and empirical topography. *Journal of Personality and Social Psychology, 82*(1), 112–127. https://doi.org/10.1037/0022-3514.82.1.112

McFarland, B. R., & Klein, D. N. (2009). Emotional reactivity in depression: Diminished responsiveness to anticipated reward but not to anticipated punishment or to nonreward or avoidance. *Depression and Anxiety, 26*(2), 117–122. https://doi.org/10.1002/da.20513

Mcisaac, H. K., & Eich, E. (2002). Vantage point in episodic memory. *Psychonomic Bulletin and Review, 9*(1), 146–150. https://doi.org/10.3758/BF03196271

McMakin, D. L., Siegle, G. J., & Shirk, S. R. (2011). Positive Affect Stimulation and Sustainment (PASS) module for depressed mood: A preliminary investigation of treatment-related effects. *Cognitive Therapy and Research, 35*(3), 217–226. https://doi.org/10.1007/s10608-010-9311-5

Moore, R. C., Chattillion, E. A., Ceglowski, J., Ho, J., von Känel, R., Mills, P. J., Ziegler, M. G., Patterson, T. L., Grant, I., & Mausbach, B. T. (2013). A randomized clinical trial of Behavioral Activation (BA) therapy for improving psychological and physical health in dementia caregivers: Results of the Pleasant Events Program (PEP). *Behaviour Research and Therapy, 51*(10), 623–632. https://doi.org/10.1016/j.brat.2013.07.005

Morris, B. H., Bylsma, L. M., & Rottenberg, J. (2009). Does emotion predict the course of major depressive disorder? A review of prospective studies. *British Journal of Clinical Psychology, 48*(3), 255–273. https://doi.org/10.1348/014466508X396549

Morris, B. H., Bylsma, L. M., Yaroslavsky, I., Kovacs, M., & Rottenberg, J. (2015). Reward learning in pediatric depression and anxiety: Preliminary findings in a high-risk sample. *Depression and Anxiety, 32*(5), 373–381. https://doi.org/10.1002/da.22358

Mundt, J. C., Marks, I. M., Shear, M. K., & Greist, J. H. (2002). The Work and Social Adjustment Scale: A simple measure of impairment in functioning. *British Journal of Psychiatry, 180*, 461–464. https://doi.org/10.1192/bjp.180.5.461

Musick, M. A., Herzog, A. R., & House, J. S. (1999). Volunteering and mortality among older adults: Findings from a national sample. *Journals of Gerontology. Series B, Psychological Sciences and Social Sciences, 54*(3), S173–80. https://doi.org/10.1093/geronb/54b.3.s173

Musick, M. A., & Wilson, J. (2003). Volunteering and depression: The role of psychological and social resources in different age groups. *Social Science & Medicine, 56*(2), 259–269. https://doi.org/10.1016/s0277-9536(02)00025-4

Nelson, S. K., Layous, K., Cole, S. W., & Lyubomirsky, S. (2016). Do unto others or treat yourself? The effects of prosocial and self-focused behavior on psychological flourishing. *Emotion, 16*(6), 850–861. https://doi.org/10.1037/emo0000178

Nierenberg, A. A., Keefe, B. R., Leslie, V. C., Alpert, J. E., Pava, J. A., Worthington, J. J., Rosenbaum, J. F., & Fava, M. (1999). Residual symptoms in depressed patients who respond acutely to fluoxetine. *Primary Care Companion to the Journal of Clinical Psychiatry, 1*(4), 124.

Oman, D., Thoresen, C. E., & McMahon, K. (1999). Volunteerism and mortality among the community-dwelling elderly. *Journal of Health Psychology, 4*(3), 301–316. https://doi.org/10.1177/135910539900400301

Otake, K., Shimai, S., Tanaka-Matsumi, J., Otsui, K., & Fredrickson, B. L. (2006). Happy people become happier through kindness: A counting kindnesses intervention. *Journal of Happiness Studies, 7*(3), 361–375. https://doi.org/10.1007/s10902-005-3650-z

Pelizza, L., & Ferrari, A. (2009). Anhedonia in schizophrenia and major depression: State or trait? *Annals of General Psychiatry, 8*(1), 22. https://doi.org/10.1186/1744-859X-8-22

Peters, J., & Büchel, C. (2010). Neural representations of subjective reward value. *Behavioural Brain Research, 213*(2), 135–141. https://doi.org/10.1016/j.bbr.2010.04.031

Peters, K. D., Constans, J. I., & Mathews, A. (2011). Experimental modification of attribution processes. *Journal of Abnormal Psychology, 120*(1), 168–173. https://doi.org/10.1037/a0021899

Pictet, A., Coughtrey, A. E., Mathews, A., & Holmes, E. A. (2011). Fishing for happiness: The effects of generating positive imagery on mood and behaviour. *Behaviour Research and Therapy, 49*(12), 885–891. https://doi.org/10.1016/j.brat.2011.10.003

Pictet, A., Jermann, F., & Ceschi, G. (2016). When less could be more: Investigating the effects of a brief internet-based imagery cognitive bias modification intervention in depression. *Behaviour Research and Therapy, 84*, 45–51. https://doi.org/10.1016/j.brat.2016.07.008

Pizzagalli, D. A., Holmes, A. J., Dillon, D. G., Goetz, E. L., Birk, J. L., Bogdan, R., Dougherty, D. D., Iosifescu, D. V., Rauch, S. L., & Fava, M. (2009). Reduced caudate and nucleus accumbens response to rewards in unmedicated individuals with major depressive disorder. *American Journal of Psychiatry, 166*(6), 702–710. https://doi.org/10.1176/appi.ajp.2008.08081201

Pizzagalli, D. A., Iosifescu, D., Hallett, L. A., Ratner, K. G., & Fava, M. (2008). Reduced hedonic capacity in major depressive disorder: Evidence from a probabilistic reward task. *Journal of Psychiatric Research, 43*(1), 76–87. https://doi.org/10.1016/j.jpsychires.2008.03.001

Pizzagalli, D. A., Jahn, A. L., & O'Shea, J. P. (2005). Toward an objective characterization of an anhedonic phenotype: A signal-detection approach. *Biological Psychiatry, 57*(4), 319–327. https://doi.org/10.1016/j.biopsych.2004.11.026

Pizzagalli, D. A., Smoski, M., Ang, Y. S., Whitton, A. E., Sanacora, G., Mathew, S. J., Nurnberger, J., Lisanby, S. H., Iosifescu, D. V., Murrough, J. W., Yang, H., Weiner, R. D., Calabrese, J. R., Goodman, W., Potter, W. Z., & Krystal, A. D. (2020). Selective kappa-opioid antagonism ameliorates anhedonic behavior: Evidence from the Fast-fail Trial in Mood and Anxiety Spectrum Disorders (FAST-MAS). *Neuropsychopharmacology, 45*(10), 1656–1663. https://doi.org/10.1038/s41386-020-0738-4

Price, J., Cole, V., & Goodwin, G. M. (2009). Emotional side-effects of selective serotonin reuptake inhibitors: Qualitative study. *British Journal of Psychiatry*, *195*(3), 211–217. https://doi.org/10.1192/bjp.bp.108.051110

Raposa, E. B., Laws, H. B., & Ansell, E. B. (2016). Prosocial behavior mitigates the negative effects of stress in everyday life. *Clinical Psychological Science*, *4*(4), 691–698. https://doi.org/10.1177/2167702615611073

Rizvi, S. J., Quilty, L. C., Sproule, B. A., Cyriac, A., Bagby, R. M., & Kennedy, S. H. (2015). Development and validation of the Dimensional Anhedonia Rating Scale (DARS) in a community sample and individuals with major depression. *Psychiatry Research*, *229*(1–2), 109–119. https://doi.org/10.1016/j.psychres.2015.07.062

Rowland, L., & Curry, O. S. (2019). A range of kindness activities boost happiness. *Journal of Social Psychology*, *159*(3), 340–343. https://doi.org/10.1080/00224545.2018.1469461

Rude, S. S., Wenzlaff, R. M., Gibbs, B., Vane, J., & Whitney, T. (2002). Negative processing biases predict subsequent depressive symptoms. *Cognition and Emotion*, *16*(3), 423–440. https://doi.org/10.1080/02699930143000554

Schacter, H. L., & Margolin, G. (2019). When it feels good to give: Depressive symptoms, daily prosocial behavior, and adolescent mood. *Emotion*, *19*(5), 923–927. https://doi.org/10.1037/emo0000494

Shane, M. S., & Peterson, J. B. (2007). An evaluation of early and late stage attentional processing of positive and negative information in dysphoria. *Cognition and Emotion*, *21*(4), 789–815. https://doi.org/10.1080/02699930600843197

Shankman, S. A., & Klein, D. N. (2003). The relation between depression and anxiety: An evaluation of the tripartite, approach-withdrawal and valence-arousal models. *Clinical Psychology Review*, *23*(4), 605–637. https://doi.org/10.1016/S0272-7358(03)00038-2

Shonin, E., Van Gordon, W., Compare, A., Zangeneh, M., & Griffiths, M. D. (2015). Buddhist-derived loving-kindness and compassion meditation for the treatment of psychopathology: A systematic review. *Mindfulness*, *6*(5), 1161–1180. https://doi.org/10.1007/s12671-014-0368-1

Smith, N. K., Larsen, J. T., Chartrand, T. L., Cacioppo, J. T., Katafiasz, H. A., & Moran, K. E. (2006). Being bad isn't always good: Affective context moderates the attention bias toward negative information. *Journal of Personality and Social Psychology*, *90*(2), 210–220. https://doi.org/10.1037/0022-3514.90.2.210

Snaith, R. P., Hamilton, M., Morley, S., Humayan, A., Hargreaves, D., & Trigwell, P. (1995). A scale for the assessment of hedonic tone. The Snaith-Hamilton Pleasure Scale. *British Journal of Psychiatry*, *167*(1), 99–103. https://doi.org/10.1192/bjp.167.1.99

Snippe, E., Jeronimus, B. F., Aan Het Rot, M., Bos, E. H., de Jonge, P., & Wichers, M. (2018). The reciprocity of prosocial behavior and positive affect in daily life. *Journal of Personality*, *86*(2), 139–146. https://doi.org/10.1111/jopy.12299

Speer, M. E., Bhanji, J. P., & Delgado, M. R. (2014). Savoring the past: Positive memories evoke value representations in the striatum. *Neuron*, *84*(4), 847–856. https://doi.org/10.1016/j.neuron.2014.09.028

Spijker, J., De Graaf, R., Ten Have, M., Nolen, W. A., & Speckens, A. (2010). Predictors of suicidality in depressive spectrum disorders in the general population: Results of the Netherlands Mental Health Survey and Incidence Study. *Social Psychiatry and Psychiatric Epidemiology*, *45*(5), 513–

521. https://doi.org/10.1007/s00127-009-0093-6

Srivastava, S., Sharma, H. O., & Mandal, M. K. (2003). Mood induction with facial expressions of emotion in patients with generalized anxiety disorder. *Depression and Anxiety*, *18*(3), 144–148. https://doi.org/10.1002/da.10128

Stöber, J. (2000). Prospective cognitions in anxiety and depression: Replication and methodological extension. *Cognition and Emotion*, *14*(5), 725–729. https://doi.org/10.1080/02699930050117693

Stoy, M., Schlagenhauf, F., Sterzer, P., Bermpohl, F., Hägele, C., Suchotzki, K., Schmack, K., Wrase, J., Ricken, R., Knutson, B., Adli, M., Bauer, M., Heinz, A., & Ströhle, A. (2012). Hyporeactivity of ventral striatum towards incentive stimuli in unmedicated depressed patients normalizes after treatment with escitalopram. *Journal of Psychopharmacology*, *26*(5), 677–688. https://doi.org/10.1177/0269881111416686

Thoits, P. A., & Hewitt, L. N. (2001). Volunteer work and well-being. *Journal of Health and Social Behavior*, *42*(2), 115–131.

Thomas, R. K., Baker, G., Lind, J., & Dursun, S. (2018). Rapid effectiveness of intravenous ketamine for ultraresistant depression in a clinical setting and evidence for baseline anhedonia and bipolarity as clinical predictors of effectiveness. *Journal of Psychopharmacology*, *32*(10), 1110–1117. https://doi.org/10.1177/0269881118793104

Thomsen, K. R., Whybrow, P. C., & Kringelbach, M. L. (2015). Reconceptualizing anhedonia: Novel perspectives on balancing the pleasure networks in the human brain. *Frontiers in Behavioral Neuroscience*, *9*, 49. https://doi.org/10.3389/fnbeh.2015.00049

Treadway, M. T., Bossaller, N. A., Shelton, R. C., & Zald, D. H. (2012). Effort-based decision-making in major depressive disorder: A translational model of motivational anhedonia. *Journal of Abnormal Psychology*, *121*(3), 553–558. https://doi.org/10.1037/a0028813

Trivers, R. L. (1971). The evolution of reciprocal altruism. *Quarterly Review of Biology*, *46*(1), 35–57. https://doi.org/10.1086/406755

Tsvetkova, M., & Macy, M. W. (2014). The social contagion of generosity. *PloS One*, *9*(2), e87275. https://doi.org/10.1371/journal.pone.0087275

Tugade, M. M., & Fredrickson, B. L. (2004). Resilient individuals use positive emotions to bounce back from negative emotional experiences. *Journal of Personality and Social Psychology*, *86*(2), 320–333. https://doi.org/10.1037/0022-3514.86.2.320

Ubl, B., Kuehner, C., Kirsch, P., Ruttorf, M., Diener, C., & Flor, H. (2015). Altered neural reward and loss processing and prediction error signalling in depression. *Social Cognitive and Affective Neuroscience*, *10*(8), 1102–1112. https://doi.org/10.1093/scan/nsu158

Van Overwalle, F., Mervielde, I., & De Schuyter, J. (1995). Structural modelling of the relationships between attributional dimensions, emotions, and performance of college freshmen. *Cognition and Emotion*, *9*(1), 59–85. https://doi.org/10.1080/02699939508408965

Vinckier, F., Gourion, D., & Mouchabac, S. (2017). Anhedonia predicts poor psychosocial functioning: Results from a large cohort of patients treated for major depressive disorder by general practitioners. *European Psychiatry*, *44*, 1–8. https://doi.org/10.1016/j.eurpsy.2017.02.485

Vrieze, E., Pizzagalli, D. A., Demyttenaere, K., Hompes, T., Sienaert, P., de Boer, P., Schmidt, M., & Claes, S. (2013). Reduced reward learning predicts outcome in major depressive disorder. *Biological Psychiatry*, *73*(7), 639–645. https://doi.org/10.1016/j.biopsych.2012.10.014

Wacker, J., Dillon, D. G., & Pizzagalli, D. A. (2009). The role of the nucleus accumbens and rostral anterior cingulate cortex in anhedonia: Integration of resting EEG, fMRI, and volumetric techniques. *NeuroImage, 46*(1), 327–337. https://doi.org/10.1016/j.neuroimage.2009.01.058

Wadlinger, H. A., & Isaacowitz, D. M. (2008). Looking happy: The experimental manipulation of a positive visual attention bias. *Emotion, 8*(1), 121–126. https://doi.org/10.1037/1528-3542.8.1.121

Wadlinger, H. A., & Isaacowitz, D. M. (2011). Fixing our focus: Training attention to regulate emotion. *Personality and Social Psychology Review, 15*(1), 75–102. https://doi.org/10.1177/1088868310365565

Watson, D., Clark, L. A., & Tellegen, A. (1988). Development and validation of brief measures of positive and negative affect: The PANAS scales. *Journal of Personality and Social Psychology, 54*(6), 1063–1070. https://doi.org/10.1037/0022-3514.54.6.1063

Werner-Seidler, A., & Moulds, M. L. (2011). Autobiographical memory characteristics in depression vulnerability: Formerly depressed individuals recall less vivid positive memories. *Cognition and Emotion, 25*(6), 1087–1103. https://doi.org/10.1080/02699931.2010.531007

Whitton, A. E., Treadway, M. T., & Pizzagalli, D. A. (2015). Reward processing dysfunction in major depression, bipolar disorder and schizophrenia. *Current Opinion in Psychiatry, 28*(1), 7–12. https://journals.lww.com/co-psychiatry/Fulltext/2015/01000/Reward_processing_dysfunction_in_major_depression,.3.aspx

Wichers, M., Peeters, F., Geschwind, N., Jacobs, N., Simons, C. J. P., Derom, C., Thiery, E., Delespaul, P. H., & van Os, J. (2010). Unveiling patterns of affective responses in daily life may improve outcome prediction in depression: A momentary assessment study. *Journal of Affective Disorders, 124*(1–2), 191–195. https://doi.org/10.1016/j.jad.2009.11.010

Williams, J. M. G., Barnhofer, T., Crane, C., Herman, D., Raes, F., Watkins, E., & Dalgleish, T. (2007). Autobiographical memory specificity and emotional disorder. *Psychological Bulletin, 133*(1), 122–148. https://doi.org/10.1037/0033-2909.133.1.122

Winer, E. S., Nadorff, M. R., Ellis, T. E., Allen, J. G., Herrera, S., & Salem, T. (2014). Anhedonia predicts suicidal ideation in a large psychiatric inpatient sample. *Psychiatry Research, 218*(1–2), 124–128. https://doi.org/10.1016/j.psychres.2014.04.016

Wood, A. M., Froh, J. J., & Geraghty, A. W. A. (2010). Gratitude and well-being: A review and theoretical integration. *Clinical Psychology Review, 30*(7), 890–905. https://doi.org/10.1016/j.cpr.2010.03.005

Wood, A. M., Joseph, S., & Maltby, J. (2008a). Gratitude uniquely predicts satisfaction with life: Incremental validity above the domains and facets of the five factor model. *Personality and Individual Differences, 45*(1), 49–54. https://doi.org/10.1016/j.paid.2008.02.019

Wood, A. M., Maltby, J., Gillett, R., Linley, P. A., & Joseph, S. (2008b). The role of gratitude in the development of social support, stress, and depression: Two longitudinal studies. *Journal of Research in Personality, 42*(4), 854–871. https://doi.org/10.1016/j.jrp.2007.11.003

Wood, A. M., Maltby, J., Stewart, N., & Joseph, S. (2008c). Conceptualizing gratitude and appreciation as a unitary personality trait. *Personality and Individual Differences, 44*(3), 621–632. https://doi.org/10.1016/j.paid.2007.09.028

Yang, X., Huang, J., Zhu, C., Wang, Y., Cheung, E. F. C., Chan, R. C. K., & Xie, G. (2014). Motivational deficits in effort-based decision making in individuals with subsyndromal depression, first-episode and remitted depression patients. *Psychiatry Research*, *220*(3), 874–882. https://doi.org/10.1016/j.psychres.2014.08.056

Yang, Z. Y., Xie, D. J., Zou, Y. M., Wang, Y., Li, Y., Shi, H. S., Zhang, R. T., Li, W. X., Cheung, E. F. C., Kring, A. M., & Chan, R. C. K. (2018). Prospection deficits in schizophrenia: Evidence from clinical and subclinical samples. *Journal of Abnormal Psychology*, *127*(7), 710–721. https://doi.org/10.1037/abn0000382

Zak, P. J., Stanton, A. A., & Ahmadi, S. (2007). Oxytocin increases generosity in humans. *PloS One*, *2*(11), e1128. https://doi.org/10.1371/journal.pone.0001128

Zeng, X., Chiu, C. P. K., Wang, R., Oei, T. P. S., & Leung, F. Y. K. (2015). The effect of loving-kindness meditation on positive emotions: A meta-analytic review. *Frontiers in Psychology*, *6*, 1693. https://www.frontiersin.org/article/10.3389/fpsyg.2015.01693

Zeng, X., Liao, R., Zhang, R., Oei, T. P. S., Yao, Z., Leung, F. Y. K., & Liu, X. (2017). Development of the Appreciative Joy Scale. *Mindfulness*, *8*(2), 286–299. https://doi.org/10.1007/s12671-016-0599-4

Zeng, X., Wang, R., Oei, T. P. S., & Leung, F. Y. K. (2019). Heart of joy: A randomized controlled trial evaluating the effect of an appreciative joy meditation training on subjective well-being and attitudes. *Mindfulness*, *10*(3), 506–515. https://doi.org/10.1007/s12671-018-0992-2

Zielinski, M. J., Veilleux, J. C., Winer, E. S., & Nadorff, M. R. (2017). A short-term longitudinal examination of the relations between depression, anhedonia, and self-injurious thoughts and behaviors in adults with a history of self-injury. *Comprehensive Psychiatry*, *73*, 187–195. https://doi.org/10.1016/j.comppsych.2016.11.013

# 索　引

## ●あ

あじわう　13
アセスメント　31
与える　6, 22, 132, 173
アレキシサイミア　43
アンヘドニア　2

## ●い

いつくしむ　33

## ●う

上向きスパイラル　25, 41
ウェルビーイング　23, 112
うつ病の認知療法　20

## ●え

エクササイズ用紙　29
得られたことをふり返る　150
遠隔医療プラットフォーム　32

## ●お

オーナーシップ　62
オペラント条件づけ　18
思い返して語る（recount）　74
思いやりいつくしむ（Loving-Kindness）　6, 22, 113, 171

## ●か

概括化された自伝的記憶（overly general autobiographical memory）　19
快の影響（hedonic impact／報酬への初期反応）　55, 67
快の感覚　4
回避・防衛系（withdrawal or defensive system）　12
快楽の障害　4

快をもたらす活動（hedonic activities）　67
書くという行為　30
欠けている領域　14
家族や友人に関わってもらう　33
過度にあいまい化した記憶　74
壁を乗り越えていく　178
眼窩前頭皮質　14
感謝する　6, 22, 123, 172
感情サイクル　35, 37
感情サイクルに気づく　160
感情の顕在性（salience）　43
感情の立ち位置　92
感情ラベリング　16
感情を言葉にする　16, 25, 43
慣性の法則　66

## ●き

記憶の特定性訓練（memory specificity training）　18, 20
銀の光を見つける　21, 85, 168

## ●く

グループ形式　33

## ●こ

行動科学　12
行動活性化療法　5, 19
五感　102
心をゆっくりと動かす（slowing the mind）　30
個別化（tailoring）　24
コミットメント　34
困難な時期や障壁への対処　152

## ●さ

再燃（lapses）　155
再燃や脱線（スリップ）　154

再発（relapses） 155
作用成分（ingredients） 25
三人称視点のバイアス 19

### ●し

視覚化 19, 74, 102
軸 12
自殺企図 4
自殺念慮 4
視床下部‐下垂体‐副腎 12
持続エクスポージャー療法 94
下向きスパイラル 25, 41
実践を続ける 151
自分のものにする 21, 94, 169
四無量心 119, 139
社交不安症 4
終結 153
熟達感 62
達成感 65
熟達感をもつことでポジティブを感じることが
　　できる活動リスト 164
瞬間をあじわう 6, 18, 74, 102, 167
神経科学 12
診断の併存 9
心的外傷後ストレス症 4
進展のチェック 150, 175
心理教育 25, 35

### ●す

スケジュール 27
Snaith-Hamilton Pleasure Scale 31

### ●せ

精神保健の専門家 10
積極的なとり組み（engagement） 34
接近・欲求系（approach or appetitive
　　system） 12
線条体 14
全般不安症 4

### ●た

誰かの幸せを喜ぶ 6, 22, 138, 174

### ●ち

長期目標 151, 176

### ●て

DSM-5 のための不安症面接スケジュール 31
Depression, Anxiety and Stress Scale（DASS）
　　31, 154
Dimensional Anhedonia Rating Scale 31
Temporal Experience of Pleasure Scale 31

### ●と

トラウマティックな経験 94
どんな雲にも銀の裏地がある（every cloud has
　　a silver lining） 85

### ●に

認知行動療法（CBT） 5, 65
認知再構成 83
認知処理療法 94
認知スキル 21

### ●ね

ネガティブ感情トリートメント（NAT） 6

### ●の

脳の報酬回路 14

### ●は

「はじめること」が一番難しい 65
PAT との相性チェック 158
PAT のスキルセット 26, 27
PAT をはじめるタイミングチェック 159
歯磨き 86, 88

### ●ひ

人との関わり（social interactions） 62
日々の活動とポジティブ感情の記録 56, 162
日々の活動とポジティブ感情のモニタリング 56

索　引

●ふ

物体運動の第1法則（慣性の法則）　65
pleasure　4

●へ

hedonic　4

●ほ

報酬学習（learning of reward）　3, 14, 15
報酬獲得　14, 124
報酬獲得への最初の反応（initial response to reward attainment）　15
報酬獲得への動機づけの欠損　3
報酬獲得への反応性（responsivity to attainment of reward）　13
報酬感受性の低下　13
報酬系　14
報酬系の欠損　3
報酬の学習（learning of reward）　13
報酬の質　72
報酬の予期（anticipation）　3, 14
報酬反応性の欠損（deficits in reward responsiveness）　3
報酬への動機づけ　14
報酬への予期や動機づけ（anticipation or motivation for reward）　13, 15
報酬を感じとりあじわうこと（savoring or appreciation of reword）の欠損　3
ホームワーク　30
Positive and Negative Affect Schedule（PANAS）　31, 154
ポジティブ感情ダイヤル　36, 44, 161
ポジティブ感情トリートメント（PAT）　2
ポジティブ感情の低さ　3
ポジティブ注意訓練（positive attention training）　75
ポジティブな活動（positive activities）　54
ポジティブな活動の計画　75, 166
ポジティブな活動リスト　163, 165
ポジティブな活動を計画する　18, 61

ポジティブな活動を実践する　18, 67
ポジティブな感情サイクル　25
ポジティブな自己表象　19
ポジティブな身体の動き　95
ポジティブな心的イメージ　19
ポジティブなボディランゲージ　79
ポジティブに目を向ける　20, 26, 81
ポジティブの筋肉　93
ポジティブへと行動する　26, 52
ポジティブを思い浮かべるための視覚化スクリプト　103
ポジティブを思い描く　21, 101, 170
ポジティブを積み重ねる　22, 27, 110, 113

●ま

学びを維持する　177
まなぶ　13

●み

未来のポジティブな心的イメージ（prospective positive mental imagery）　83

●も

モジュール　25
もとめる　13
モニタリング　31
物語る（recounting）　20

●や

薬物療法　10

●ゆ

UCLAマインドフル・アウェアネス研究センター　22

●よ

欲求・報酬系の欠損　13

●ら

ラベリングする　43, 103
ランダム化比較試験　6

*193*

## ●わ

Work and Social Adjustment Scale　31
ワークブックの利点　11

# 著者紹介

ミシェル・G・クラスク（Michelle G. Craske）博士は，カリフォルニア大学ロサンゼルス校（UCLA）の心理学・精神医学・生物行動科学教授，Miller Endowed の任期付委員長，不安・うつ病研究センター長，Staglin Family Music Center for Behavioral and Brain Health 副センター長。また，UCLA Depression Grand Challenge の共同ディレクターでもある。恐怖，不安，うつ病の分野で幅広く研究・発表しており，Web of Science の Most Highly Cited Researcher List に掲載されている。小児および青少年における不安とうつ病の危険因子，感情調整や不安症の行動治療における神経修飾因子，エクスポージャー療法を最適化するための恐怖消去トランスレーショナルモデル，報酬感受性とアンヘドニアを標的とした新しい行動療法，および十分なサービスを受けていない集団のためのスケーラブルな治療モデルに関する研究プロジェクトで，資金援助を受けている。複数の優秀賞を受賞。UCLA では，Society of Postdoctoral Scholars at UCLA Mentorship Award と Career Development Award を受賞。国内では，米国心理学会臨床心理科学特別研究者賞，行動認知療法学会優秀研究者賞，認知療法学会アーロン・T・ベック賞を受賞。国際的には，ベルギーの International Francqui Professorship，ドイツのドレスデン工科大学の Eleonore Trefftz Guest Professorship Award を受賞。また，オランダのマーストリヒト大学から名誉博士号を授与され，オックスフォード大学精神医学部の名誉フェロー，オランダ・フラマン大学院の研究教育名誉フェローでもある。また，APA 臨床心理科学学会会長，行動認知療法学会会長を歴任。『Behaviour Research and Therapy』の編集長。タスマニア大学で文学士号を，ブリティッシュ・コロンビア大学で博士号を取得。

ハリーナ・J・ドゥール（Halina J. Dour）博士は，複数の州で遠隔心理学を実践するCenter for Genuine Growthのオーナーである。ドゥール博士は，博士号取得後のキャリアのほとんどを退役軍人省（VA）の医療システムで過ごした。オーランドVAヘルスケアシステムで摂食障害チームコーディネーターとPTSD臨床チームのメンバーを務めた。それ以前は，VAピュージェット湾シアトル支部のメンタルヘルス・クリニックおよび集中外来プログラムで臨床心理士として約2年間勤務した。ドゥール博士は，エビデンスに基づく数々の治療法の訓練を受け，さまざまな環境で働いてきた。介入法，治療材料，プログラム作成への情熱と相まって，ドゥール博士は治療とプログラム開発における特別な専門知識を得るに至った。複数の治療法開発プロジェクトでコンサルタントを務め，現在も務めている。ウェルズリー大学で心理学の学士号を優秀な成績で取得し，UCLAで臨床心理学の博士号を取得。博士課程では，全米科学財団フェローシップ，大学特別フェローシップ，アーシュラ・マンデル奨学金，フィリップ＆アイーダ・シフ賞，UCLAアフィリエイト賞，上級臨床科学者賞，優秀SSCP学生臨床家賞，APA Div12 Distinguished Student Practice in Clinical Psychology賞など，数々の賞やフェローシップを受賞。ドゥール博士は，VAセプルベダ外来ケアセンターでプレドクトラルインターンを，VAピュージェット湾シアトル事業部でポストドクトラルフェローシップを修了した。


マイケル・トレナー（Michael Treanor）博士は，UCLA不安・うつ病研究センターのアシスタント・プロジェクト・サイエンティストである。PTSDと不安関連症に対するエクスポージャー療法の改善に重点を置いた研究を行っており，マインドフルネスの実践を含め，PTSD，不安症，気分障害に対する数多くのエビデンスに基づく治療法について豊富な経験を持っている。ドゥール博士，クラスク博士とともに，ポジティブ感情トリートメント（PAT）のオリジナルコンテンツを開発した。トレナー博士は，UCLA不安・うつ病研究センターで進行中の心理学的治療試験の治験責任医師および臨床指導医であり，精神科および精神科フェローのために，PATを含むエビデンスに基づく治療法のセラピスト・トレーニングを行っている。ボストンVAの行動科学部門PTSD国立センターでAPA認可のインターンシップを修了し，UCLAでは国立精神衛生研究所のT32博士研究員を務めた。

アリシア・E・ミューレ（Alicia E. Meuret）博士は，南メソジスト大学（SMU）心理学部教授，SMU不安・うつ病研究センター所長，臨床心理士の資格を持つ．スタンフォード大学精神・行動科学科で博士課程を修了後，ハーバード大学感情神経科学研究所およびボストン大学不安関連症センターで博士研究員を務める．研究プログラムは，不安症と気分障害の新しい治療アプローチ，不安症と慢性疾患（喘息）のバイオマーカー，エクスポージャー療法における恐怖消去メカニズム，非自殺的自傷行為を含む感情調整障害を持つ人の調整・媒介因子に焦点を当てている．ミューレ博士はCapnometry-Assisted Respiratory Training（CART）の創始者である．ミューレ博士は100以上の科学論文を発表し，200以上の学会発表を行った．米国国立衛生研究所をはじめとする研究助成機関から継続的な研究助成を受けている．アメリカ不安・うつ病協会，精神医学研究協会，アメリカ心身医学会などから複数の表彰を受けている．ベック研究所フェローであり，ロタンダ最優秀教授（Outstanding Professor）でもある．ミューレ博士は，米国不安・うつ病協会の科学諮問委員会のメンバーであり，国際呼吸心理生理学進歩学会の元会長，認知行動療法学会のフェローでもある．技術専門家として，Agency for Healthcare Research and Quality Effective Health Care Programを支援し，ベルギーのルーヴェン大学Centre for Excellenceの科学諮問委員会委員を務めた．複数の編集委員を務め，『Behavior Therapy』の副編集長も務めた．ミューレ博士は，感情症患者の治療に20年以上の臨床経験がある．

## 訳者紹介

**[監訳者]**

**鈴木伸一**（すずき　しんいち）【第1章】

早稲田大学人間科学学術院　教授

2000年，早稲田大学大学院人間科学研究科博士後期課程修了。博士（人間科学）

岡山県立大学保健福祉学部専任講師，広島大学大学院心理臨床教育研究センター准教授，早稲田大学人間科学学術院准教授などを経て，2010年より現職。

主な著訳書は『エビデンスに基づく認知行動療法スーパービジョン・マニュアル』（監訳，北大路書房），『認知行動療法における治療関係』（監訳，北大路書房），『公認心理師養成のための保健・医療系実習ガイドブック』（編著，北大路書房），『対人援助と心のケアに活かす心理学』（編著，有斐閣）など多数。

**伊藤正哉**（いとう　まさや）【第3章】

国立精神・神経医療研究センター認知行動療法センター　研究開発部長

筑波大学人間系　教授（連携大学院）

早稲田大学大学院人間科学研究科　客員教授

2007年，筑波大学大学院人間総合科学研究科博士課程修了。博士（心理学）

ヨーク大学心理療法研究センター客員研究員，国立精神・神経医療研究センター精神保健研究所成人精神保健研究部流動研究員，コロンビア大学社会福祉学科客員研究員，国立精神・神経医療研究センター認知行動療法センター研修指導部研修普及室室長などを経て，2021年より現職。

主な著訳書は『うつと不安への認知行動療法の統一プロトコル』（監訳，診断と治療社），『プロセス・ベースド・セラピーをまなぶ』（監訳，金剛出版），『不安へのエクスポージャー療法』（監訳，創元社），『10代のための感情を味方につけるプログラム』（共訳，福村出版）など多数。

**[分担訳者]**

**国里愛彦**（くにさと　よしひこ）【第2章】
専修大学人間科学部　教授

**笹川智子**（ささがわ　さとこ）【第4章】
目白大学心理学部　准教授

**横山知加**（よこやま　ちか）【第5章】
国立精神神経・医療研究センター認知行動療法センター　特別研究員

**菅原大地**（すがわら　だいち）【第6章】
筑波大学人間系　准教授

**畑　琴音**（はた　ことね）【第7章】
早稲田大学人間科学学術院　助教

**平山貴敏**（ひらやま　たかとし）【第8章】
こころサポートクリニック　院長

不安とうつへの
ポジティブ感情トリートメント【セラピストガイド】

2025 年 1 月 31 日　初版第 1 刷発行

| | |
|---|---|
| 著　者 | M．G．クラスク<br>H．J．ドゥール<br>M．トレナー<br>A．E．ミューレ |
| 監訳者 | 鈴　木　伸　一<br>伊　藤　正　哉 |
| 発行所 | ㈱北大路書房 |

〒603-8303　京都市北区紫野十二坊町 12-8
電話代表　　（075）431-0361
Ｆ Ａ Ｘ　　（075）431-9393
振替口座　　01050-4-2083

ⓒ 2025
装丁／上瀬奈緒子（綴水社）
印刷・製本／（株）太洋社
落丁・乱丁本はお取り替えいたします。
定価はカバーに表示してあります。

Printed in Japan
ISBN978-4-7628-3272-7

JCOPY 〈㈳出版者著作権管理機構 委託出版物〉
本書の無断複写は著作権法上での例外を除き禁じられています。複写される場合は，
そのつど事前に，㈳出版者著作権管理機構（電話 03-5244-5088，FAX 03-5244-5089，
e-mail: info@jcopy.or.jp）の許諾を得てください。

## 北大路書房の好評関連書

### 不安とうつへの
### ポジティブ感情トリートメント
#### ワークブック

A. E. ミューレほか 著
鈴木伸一・伊藤正哉 監訳

B5判・120頁・本体2,700円+税
ISBN：978-4-7628-3273-4　C3011

ポジティブな出来事や活動を思い描きながら，充足感や心地よさにつながる行動を得る力を培うエクササイズを手引きする。

### 代替行動の臨床実践ガイド
「ついやってしまう」「やめられない」の
〈やり方〉を変えるカウンセリング

横光健吾・入江智也・田中恒彦 編

A5判・272頁・本体2,800円+税
ISBN：978-4-7628-3191-1　C3011

夜更かし，ギャンブル，飲酒，風俗通い，リストカット等に関する問題行動を減らし「望ましい行動」を増やすためのノウハウを紹介。

### 認知行動療法における治療関係
セラピーを効果的に展開するための
基本的態度と応答技術

S.ムーリー，A.ラベンダー 編
鈴木伸一 監訳

A5判・364頁・本体3,400円+税
ISBN：978-4-7628-3131-7　C3011

CBTのセラピストにとって意識の低かった治療関係に関し，共感性等が治療成績に及ぼす最新の知見を提示，認識の変更を促す。

### エビデンスに基づく
### 認知行動療法
### スーパービジョン・マニュアル

デレク・L・ミルン，ロバート・P・ライザー 著
鈴木伸一 監訳

A5判・352頁・本体5,400円+税
ISBN：978-4-7628-3208-6　C3011

英国で定評のあるスーパービジョンのマニュアル，本邦初公開。CBTを効果的に用いる能力と困難なケースへの適応力を高める一冊。

（税抜価格で表示しております）